한국어 조사 '을/를'의 통사·의미론적 연구

한국어 조사 '을/를'의 통사 · 의미론적 연구

초판 1쇄 인쇄 2017년 8월 14일
초판 1쇄 발행 2017년 8월 25일

지 은 이 손인호
펴 낸 이 신일희
펴 낸 곳 계명대학교 출판부
출판등록 제347-1998-1호(1970. 9. 1.)
주 소 대구광역시 달서구 달구벌대로 1095
대표전화 053-580-6233
팩 스 053-580-6235
홈페이지 www.kmupress.com

ISBN 978-89-7585-796-6 93700 정가 20,000원

이 도서의 국립중앙도서관 출판예정도서목록(CIP)은 서지정보유통지원시스템 홈페이지(http://seoji.nl.go.kr)와 국가자료공동목록시스템(http://www.nl.go.kr/kolisnet)에서 이용하실 수 있습니다.(CIP제어번호: CIP2017017523)

한국어 조사 '을/를'의 통사 · 의미론적 연구

손 인 호 지음

계명대학교 출판부

책머리말

Preface

이 책은 한국어 조사 '을/를'에 대한 통사, 의미론적 연구로 지은이의 계명대학교 대학원 박사학위논문을 고치고 보완한 것이다.

한국어 조사 '을/를'은 한국어 '이/가'와 함께 그 쓰임이 가장 많은 조사이다. 또 한국어 조사 '을/를'은 한글 근현대화에 개척자 역할을 한 주시경(1910), 박승빈(1935), 최현배(1937)를 비롯한 거의 대부분의 문법서에 이르기까지 언급되지 않은 것이 없을 정도로 수많은 국어학자들에 의해 다양한 연구가 이루어져 왔다.

그 주요내용은 타동사의 지배(government)를 받는 명사구(NP)에 실현되는 '을/를'을 거의 모든 학자들이 대격 표지, 혹은 목적격 조사로 인정하는 것이다. 이는 Chomsky(1981)가 보편문법(Universal grammar)으로 제시한 지배와 결속 이론(Government and Binding Theory)의 격이론(Case Theory)으로도 설명을 할 수 있다. 그런데 한국어에서 타동사의 지배를 받는 명사구, 즉 타동사의 목적어 논항 명사구가 아닌 부사어 명사구나 형용사, 자동사 구문, 또 이른바 겹목적어 구문에 실현되는 '을/를'에 대해서는 지금까지 그 누구도 타당성 있게 설명을 하지 못하고 있다.

따라서 이 책에서는 한국어 '을/를'이 실현되는 그 모든 경우를 일관성 있게 설명적 충족성을 만족시키는 이론을 제시하고자 한다.

그 이론은 다음과 같다.

첫째 한국어 조사 '을/를'이 실현되는 의미론적 조건은 이행성 문장(transitive sentence)이다. 여기서 이행성(transitivity)이란 어떤 문장에서 서술어로 표현되는 행위나 상태의 영향이 그 문장의 참여항(participants)이나 부가항(adjuncts)에 미치고 있음을 가리키는 통사, 의미론적 관계를 말한다.

둘째 한국어 조사 '을/를'이 실현되는 통사론적 조건은 동사(V)의 자매항이나 동사구(V')의 자매항이다.

이 작은 책을 내면서 먼저 하고 싶은 것은 대학원 과정 동안 많은 것을 가르쳐 주시고 챙겨 주신 김영희 선생님, 학부 때 학문의 길을 가르쳐 주신 조동일(서울대) 선생님, 남기심(연세대) 선생님께 감사의 말씀을 드리는 것이다. 세 분 선생님 모두 자타가 인정하는 우리나라 최고의 학자였음을 참으로 자랑스럽게 생각한다.

또 1978년부터 오늘까지 아버지처럼 많은 것을 챙겨 주시고 보살펴 주신 장재호 실장님과 지은이에게 학문의 길을 갈 수 있도록 도와주신 계명대학교 행소 신일희 총장님께 충심으로 감사와 존경의 말씀을 드린다.

그리고 늘 곁에서 많은 것을 챙겨 주는 아내에게 고맙다는 인사를 하고 싶다. 또 많은 세월이 흐르는 동안 박절한 아버지를 너그러이 이해하며 훌륭하게 자라 건강한 생활을 꾸려가고 있는 자랑스러운 두 아들, 동길이와 한샘이에게 고마운 마음을 전한다.

이 책을 내는데 많이 도와준 계명대학교 출판부 최상근 선생께도 고맙다는 말씀을 드린다.

2017년 7월

계명동산에서 **손 인 호**

차 례

Contents

제3장

한국어 조사 '을/를' 한번 실현 구문

제4장

한국어 조사 '을/를' 거듭 실현 구문

1

CHAPTER

한국어 조사 '을/를'의 통사·의미론적 연구

제1장
들머리

1.1. 연구의 목적과 문제의 제기

1.2. 선행 연구의 검토

1.3. 이론적 배경

1.4. 논의의 구성

제1장

들머리

1.1. 연구의 목적과 문제의 제기

이 책의 목적은 전통적으로 목적어 표시 형태소, 즉 대격 표지(accusative Case[1]) marker)로 알려져 온 한국어 조사 '을/를'(이하에서는 대표 형태소 '을'로만 쓴다.)이 하나의 문장에서 서술소(predicator), 즉 서술어로 표현된 행위나 상태의 영향이 그 문장의

1) 격(Case)을 영어로 표기할 때는 case의 다른 의미와의 혼동을 피하기 위해 대체로 첫머리의 C자를 대문자로 쓰는데 필자도 이 관례를 따른다.

참여항(participants)[2)]이나 부가항(adjuncts)에 미치고 있음을 표시하는 이행성[3)] 표지(transitive marker)라는 것과 한국어 이행성 표지 '을'이 어떤 통사론적 환경에서 실현되는지 그 실현 조건을 밝히는 것이다.

과거 전통 문법이나 구조 문법에서 목적격 조사 혹은 대격 표지로 불려 온 한국어 조사 '을'은 일반적으로 '이/가'와 함께 순수 구조격 표지(structural Case marker)로 인식되어 왔다. 그러나 이러한 생각은 타동사의 지배(government)를 받는 목적어 명사구에 실현되는 '을'에 한하여 그 타당성을 인정받을 수 있으며 자동사 구문이나 형용사 구문, 그리고 타동사 구문이라 할지라도 동사의 목적어가 아닌 성분에 실현되는 '을'의 경우에는 그 설명적 충족성(explanatory adequacy)을 만족시키기가 곤란하다.

다음 문장을 보자.

---

2) 참여항(participants)이란 통사론적으로 문장의 필수 성분을 가리키는 것으로 Tesniere(1959)의 자리값 이론(valency theory)에서는 주변항(circonstants)의 반대 개념인 행동항(actants)에 해당한다. 그리고 Chomsky(1981)는 참여항을 논항(arguments), 주변항을 비논항(non-arguments)으로 부르고 있고, Dik(1978)은 논항(arguments), 위성항(satellites)으로 각각 부르고 있다.

3) '이행성(移行性)'이란 용어는 영어에 'transitivity'에 해당하는 말로 김영희(1988 : 74-78)에서 따온 용어다. 일반적으로 영어의 'transitivity'를 우리말로 '타동성(他動性)'이라 부르고 있으나 '이행성'이란 통사, 의미론적 특성이 반드시 타동사 구문에만 발생하는 것이 아니라 자동사 구문과 형용사 구문에서도 찾을 수 있기 때문에 이 논문에서는 '이행성'이라 부른다. 그리고 국어 조사 '을'이 이행성 표지라는 주장은 김영희(1988 : 76)에 의해 처음 제기되었다.

(1) ㄱ. 동길이가 의자에를 앉았다.
ㄴ. 한샘이가 집에를 왔다.

(1 ㄱ, ㄴ)은 분명한 자동사 구문인데 부사어인 처소 명사구에 '을'이 실현되어 있다. 무엇보다도 먼저 자동사라면 일항 서술어로 목적어를 가지지 않는 동사이고 그 동사로 구성된 문장에 비록 '을'실현 성분이 나타났다 하더라도 그 성분을 동사의 목적어로 볼 수가 없다. 실제 (1 ㄱ, ㄴ)은 '을'실현 성분이 나타나지 않아도 다음 (2)와 같이 의미적 완결성을 지닌 온전한 문장이 성립되므로 '을'실현 성분이 문장의 필수 성분인 목적어가 아님이 분명하다.

(2) ㄱ. 동길이가 앉았다.
ㄴ. 한샘이가 왔다.

그렇다면 (1)과 같은 자동사 구문의 처소 명사구에 실현된 '을'이 목적어를 표시하는 대격 표지가 아니라면 그 정체가 무엇일까?

또 다음 문장을 보자.

(3) ㄱ. 철수가 한 달을 아팠다.
ㄴ. 순이가 일주일을 아팠다.
ㄷ. 나는 고향에 가고를 싶다.
ㄹ. 영이가 예쁘지를 아니하다.

(3)은 모두 형용사 구문이다. 그런데 (3 ㄱ, ㄴ)에는 기간을 한정하는 명사구에 이른바 대격 표지 '을'이 실현되어 있고 (3 ㄷ, ㄹ)은 보문자 '고, 지' 뒤에도 대격 표지가 실현되어 있다. 그러나 (3 ㄱ~ㄹ)의 서술어가 형용사이기 때문에 대격 표지 '을'실현 성분이 서술어의 보어(complements)도, 문법 관계상 참된 의미의 목적어도 될 수가 없다. 그러면 (3 ㄱ, ㄹ)에 실현된 '을'은 과연 무엇인가?

뿐만 아니라 다음 (4)는 목적어가 될 수 없는 성분인 부사에 '을'이 통합, 실현된 문장이다.

(4) ㄱ. 그 아이는 잠시도 가만히를 못 앉아 있다.
ㄴ. 동길이는 고향에 자주를 갔다.
ㄷ. 집에 빨리를 가거라.
ㄹ. 지은이가 자리를 함께를 하였다.

(4)와 같이 서술어를 꾸미는 부사어에 실현된 '을'을 대격 표지로 볼 수 없음은 말할 필요조차 없지만 이때 '을'을 통사, 의미론적으로 어떻게 해석해야 할지 문제가 된다.

그리고 다음 (5)는 '소속 관계 구문', '매김 관계 구문', '수혜 동사 구문(benefactive verb constructions)', "하다' 동사 구문'으로 부르는 이른바 '겹목적어(double objects) 구문'들로서 두 개의 명사구에 실현된 '을'을 통사론적으로 어떻게 설명할 것인가가 또한 문제가 된다.

(5) ㄱ. 동길이가 지은이를 손을 잡았다.

ㄴ. 한샘이가 사과를 세 개를 먹었다.

ㄷ. 지성이가 동길이를 책을 주었다.

ㄹ. 동길이가 영어를 공부를 했다.[4)]

(5)와 같은 구문에 대해 Park(1981), Choe(1985), Kang(1986), 김영희(1988)에서는 '을'이 실현된 두 명사구 모두를 목적어로 인정하고 있고 반대로 Shibatani(1976), Chun(1985), Park(1985), 송창선(2009)에서는 둘 중의 하나는 진정한 목적어가 아니며 단지 대격 표지 명사구(accusativized NP)에 불과하다고 주장하고 있다.

우리의 관심은 '을'이 실현된 두 명사구가 모두 진정한 목적어라면 이 '을'의 실현 현상을 통사론적으로 어떻게 설명할 것인가에 있고 또 그 중 어느 하나는 진정한 목적어가 아니라면 왜 목적어가 아닌 성분에 '을'이 실현되었으며 이때 '을'의 기능이 무엇인가 하는 것이다.

Chomsky(1981)의 지배와 결속 이론(Government and Binding theory)의 격이론(Case theory)에 따르면 목적격(objective), 즉 대격을 할당(assignment)하는 지배자(governor)인 타동사는 자신이 지배하는 인접한 오직 하나의 명사구에 단 하나의 격(Case)을 할당하여야 한다. 그런데 하나의 문장에서 동일한 지배자가 구조격인 대격을

4) (5 ㄹ)과 같은 '하다' 동사 구문의 두 번째 '을'실현 명사구에 대해서는 임홍빈(1979)의 "어근 가설", 서정수(1975나)의 "주서술어 가설", Song(1967), Ree(1974), Park(1981)의 "내부 목적어 가설", 김영희(1973, 1988), 성광수(1974, 1979)의 "하위 서술어 가설" 등이 있고 송창선(2009)은 이때 '을'을 특수 의미를 지닌 보조사라고 주장한다. 이에 대한 구체적인 내용은 본 논문 4.5.절 참조.

여러 명사구에 거듭 할당할 수 있는가? 이러한 대격 실현 현상은 분명 격할당 규칙[5](Case assignment rule)에 어긋나는 현상이다.

우리는 지금까지 목적어를 표시하는 대격 표지로 볼 수 없는 조사 '을'의 실현 예들이 많이 있음을 제시하였다. 우리의 이와 같은 생각은 이미 임홍빈(1972, 1974, 1979, 1987), 이광호(1988), 송창선(2009)에서도 구체적으로 지적된 바 있으나 임홍빈과 이광호는 대격 표지로 볼 수 없는 모든 '을'에 대해서 그 출현 양상이 국어 주제 표지 '은/는'과 매우 인상적인 유사성을 갖는다는 사실에 착안하여 그 '을'을 모두 의미론적 존재인 '주제화 첨사'라고 주장했다.

우선 한국어 조사 '을'을 모두 대격 표지로 볼 수 없다는 주장에 대해서는 우리는 전적으로 동의하는 바이지만 동일 형태의 조사 '을'을 통사적인 존재와 의미론적 존재로 가르고 특히 대격 표지로 볼 수 없는 모든 '을'을 주제화 첨사로 보는 데는 우리는 찬동할 수가 없다. 그 이유는 조사 '을'의 쓰임이 대격 표지든 주제 표지든 간에 반드시 동사구내 성분에만 통합, 실현된다는 통사론적 제약[6]이 있고 또 국어 조사 '을'이 특정 의미 자질을 가지는 서술어 구문에만 실현되는 의미론적 제약이 있기 때문이다. 이와 같은 의미 자질을 가진 서술어를 Kang(1986)은 [비상태성(-stative)] 동사라고 주장했고 Kim(1990)은 [행위성(+agentive)] 동사라고 주장한 바 있다. 임홍빈(1972, 1974,

5) 격 할당 규칙은 Chomsky(1981 : 170), Yim(1984 : 53), Han (1987 : 45), Kang(1986 : 7), 임홍빈(1987 : 32-33)참조.

6) 국어 조사 '을'은 반드시 동사(V)와 동사구(V')의 자매항, 즉 동사구 구성 성분에만 실현되는데 이에 대한 구체적인 내용은 본 논문 2.5.절 참조.

1979, 1987), 이광호(1988)의 '을' 주제화에 대해 임홍빈 교수 스스로도 "'을/를'주제화란 증명된 것이라기 보다는 주장한 것에 불과하다는 느낌이 짙으며", "'을/를'에 대한 문제가 국어학의 암초와도 같은 현상"(임홍빈(1979 : 92))으로 아직까지 남아 있다고 토로한 바 있다. 송창선(2009)은 '을'이 실현되는 문장을 피동문 만들기를 하여 '을'실현 명사구가 피동문의 주어가 되지 못하는 명사구는 목적어가 아니므로 이 명사구의 '을'은 목적격 조사가 아닌 보조사라고 주장하고 있다.

그래서 이 연구는 지금까지 대격 표지로 알려져 온 '을'과 우리의 안목으로 도저히 대격 표지로 볼 수 없는 '을'쓰임 전체를 통사, 의미론적인 측면에서 포괄할 수 있는 새로운 기능의 정립을 모색해 본 것이다.

1.2. 선행 연구의 검토

한국어 조사 '을'에 대한 연구는 주시경(1910), 박승빈(1935), 최현배(1937)를 비롯하여 근래 각종 문법서에 이르기까지 언급되지 않은 것이 없을 정도로 많은 국어학자들에 의해 다양한 연구가 이루어져 왔다.

그 주요 내용은 타동사에 지배를 받는 명사구(NP)에 실현되는 '을'에 대해서는 예외 없이 모든 학자들이 대격 표지, 혹은 목적격 조사로 인정하는 것이다.

이는 Chomsky(1981)가 보편 문법(Universal grammar)으로 제시한 지배와 결속 이론의 격이론(Case theory)으로도 확인할 수 있다.

Chomsky (1981 : 170)는 격할당(Case assignment)의 근본 속성 가운데 목적격(objective)에 대해서는 다음 (6)과 같은 목적격 할당 규칙을 제시했다.

(6) 명사구가 하위 범주화 자질 '_NP'를 가진 동사(즉 타동사)에 지배되면 목적격이다.(NP is objective if governed by V with the Subcategorization feature : _NP (i.e., transitive))

그러나 Chomsky의 (6)과 같은 목적격 할당 원리도 한국어에서는 이미 지적한 바와 같이 타동사의 지배를 받는 명사구, 즉 타동사의 목적어 논항 명사구에 한하여 그 타당성을 인정받을 수 있을 뿐 우리가 앞절에서 제기한 (1)~(5)의 문제들을 모두 해결할 수 있는 원리가 아니다.

(1)~(5)에서 제시한 바와 같이 목적어로 해석하기가 곤란한 많은 예들에 실현된 '을'에 대해서는 여러 가지 해석이 제안되었지만 아직도 그에 대한 분명한 원리가 밝혀지지 않은 상태다.

우선 (1)~(5)에 대한 연구는 과거 전통 문법 등에서 피상적인 관찰이 이루어져 오다가 본격적인 연구가 시작된 것은 변형 생성 문법이 도입된 이후로서 임홍빈(1972, 1974, 1979, 1987), 이광호(1988)는 의미, 화용론적인 접근 방법을 취하여 "주제화 이론"[7]으로 이와 같은 '을'의 설명을 시도하였다.

---

7) 이광호(1988 : 293)의 '주제화 이론'은 임홍빈(1972~1987)의 주장을 거의 그대로 수용한 것으로 V에 지배받는 NP에 [+ objective]의 격자질을 배당한다고 할 때 그에 따라 표면 구조에 실현되는 '을'성분의 명사구를 제외한 모든 '을'성분의 명사구는 '을'주제화라고 주장하고 있다.

'을'주제화의 주요 내용은 대격을 할당받을 수 없는 명사구 및 기타의 성분에 실현된 '을' 성분은 모두 '을'주제화라는 것이다. '을'주제화는 '비대조적 대립'과 '언급 대상성(aboutness)', '특정성(specificity)'의 의미를 갖는다고 했다. 이와 같은 '주제화 이론'은 이미 김영희(1987)에서 비판된 바와 같이 주제와 주어, 목적어를 동일 언어 층위(linguistic level)에서 기술하려고 한 기술의 부당성과 주어, 목적어의 통사론적 특성을 전혀 고려하지 않은 관찰의 부당성, '이/가', '을'에서 주제적 의미를 구하려고 한 분석의 부당성을 안고 있고 이 사실은 김귀화(1988)에서도 지적된 바 있다.[8)]

임홍빈(1972, 1987), 이광호(1988)의 주제화 이론은 이와 같은 근본적인 문제 이외에도 '주제화' 개념이 임홍빈(1987)에서는 "성분 주제"로, 이광호(1988)에서는 "대격 '을'주제화"로 그 일부 개념이 바뀌었다. '주제화'에서 "성분 주제", "대격 '을'주제화"로의 전환은 전체 문장을 대상으로 한 주제 개념에서 문장의 한 성분인 대격 성분으로 주제 개념이 축소된 것을 의미하는 데 이러한 개념 전환은 결국 그 성분이 대격 성분임을 입증하는 결과가 된다.

Kang(1986)은 Chomsky(1981)의 격이론을 바탕으로 하여 비상태성 동사([-stative] V°)의 자매항 명사구에 대격이 할당된다[9)]는 격할당 기본 원리를 제시했다.

---

8) 김영희(1988 : 7~36)에서는 임홍빈(1972)의 '주제화 이론'가운데 주로 '이/가'가 거듭 출현하는 이른바 '겹주어 현상'만을 다루었다.

9) Accusative Case is assigned to NPs which are sisters of [-sative]V°(Kang (1986 : 7)).

비상태성 동사가 대격을 할당한다는 Kang의 주장은 강명윤(1988), Han(1991) 등에 의해 받아들여졌으나 Maling(1989)과 Kim(1990)에 의해 반박을 받았다. Maling(1989)과 Kim(1990)은 진행형이 허용되는 동사가 비상태성 동사인데도 불구하고 '지다'나 '되다' 동사에 의해 성립되는 수동태 구문은 진행형이 허용됨에도 대격을 전혀 허용하지 않는다고 말하고 Kang(1986)의 대격 할당 원칙이 틀렸다고 주장했다.

또 Kang(1986)은 (5 ㄱ)과 같이 비분리(inalienable) 소속 관계 구문에 거듭 실현된 '을'에 대해 '여분 서술 분석(extra, predication analysis)'과 영가설 (null hypothesis)[10]을 적용한 기저 생성(base-

---

10) Kang(1985)의 '여분 서술 분석'이란 다음 (가ㄱ)과 같은 구문의 D-구조를 (가ㄴ)과 같이 상정하고 타동사 '붙잡았다'에 의해 대격 조사 '을'이 할당되고 타동사구(VP) '손붙잡았다'에 의해 다시 '메리'에 대격 조사가 할당된다는 것이다.

(가) ㄱ. 존이 메리를 손을 붙잡았다.

```
ㄴ.        S
          / \
        NP    VP
        |    /  \
        존  NP    VP
            |    /  \
          메리  N     V
                |     |
                손   붙잡았다
```

또 Knag(1986:110~113)의 ' 영가설'이란 위의 (가ㄱ)의 D-구조를 (가ㄷ)과 같이 상정하고 이중 대격 구성은 어떤 이동이나 인상(advancement)을 포함하지 않는다는 주장이다. 즉 의미역 [+patient]와 [+location]를 갖는 두 명사구 '메리'와 '손' 모두가 기저 생성되어 대격을 할당받는다는 것이다.

```
(가) ㄷ.    V″
          / \
        NP    V′
        |   / | \
        존 NP NP  V
            |  |  |
          메리 손 붙잡았다
```

generated)으로 설명하고 있으나 선뜻 이해가 가지 않는 것은 속격 구성의 신체 부분 명사구(body part NP)가 진정한 목적어가 아니고 '의사-처소-부사'(pseudo locative adverbial)라는 주장이다. 우리의 생각은 속격 구성의 신체 부분 명사구는 머리어(head)로서 피동문의 주어로 나서기를 할 수 없는 것은 머리 성분 위치 제약[11] 때문이며 그 명사구가 진정한 목적어가 아니기 때문이 아니라는 것이다.

Maling(1989 : 302)은 국어의 부사에 할당되는 대격은 비상태성(nonstative) 서술어에 의해 할당된다고 주장했고 Park(1992)은 국어 조사 '을'을 구조격 표지와 형태격 표지(morphological Case marker)로 구분하고 대격 표지로 볼 수 없는 대부분의 '을'을 형태격 표지로 보았다.

Park(1992 : 100)의 형태격은 서술어의 상태성(stativity)에 의해 결정되며 수의적(optional)으로 비논항(nonarguments)인 부사어, 동사 어근(verbal nouns) 등에 거듭 실현이 가능한데 경동사 구문(light verb constructions), 즉 '하다' 동사 구문의 '을'이 실현되는 두 번째 명사구에 실현되는 '을'과 보문자중 긴 부정(long negation)구문의 '-지'에 통합, 실현되는 '을', 그리고 부사구에 실현되는 '을'이 그 예이다.

---

11) 머리 성분 위치 제약(constraint on positions of head constituent : CPH)이란 김영희(1988 : 38-39)에 의해 제안된 것으로 통사 구조 상에서 머리 성분(head)이 자신의 투사인 구성체를 벗어나 그 딸림성분 너머의 다른 자리로 옮겨 갈 수 없음을 뜻하는 일종의 통사적 제약이다. 김영희(1988) CPH를 다음과 같이 기술하고 있다. 통사 층위 Li에서 X가 머리 성분 H의 투사(projection)라면 다음과 같은 Li+n (n ≥ 0)은 허용되지 않는다.

ㄱ. $[x \cdots H \;\; A \cdots]x$

ㄴ. $\cdots H_i \cdots [x \cdots A \cdots e_i \cdots]x \cdots$ 또는

$\cdots [x \cdots A \cdots e_i \cdots]x \cdots H_i \cdots$

Maling(1989)과 Park (1992)의 '을' 할당 원리 또한 서술어의 [상태성(stativity)] 자질에 근거한 것으로 Kang(1986)의 주장에 크게 벗어난 것으로 보기는 어렵다하겠다.

Kim(1990)과 Hong(1991, 1992)은 한 문장의 의미와 동사의 통사적 자질들을 연결시켜 문장 구조 전체를 설명하는 연결이론(Linking Theory)의 관점에서 국어 조사 '을'의 문제를 해결하려고 시도하였다.

특히 Kim(1990)은 문장의 의미 중 동사의 의미가 가장 중요하며 동사의 의미 자질 가운데 Dowty(1979)의 행위성(agentivity) 개념을 도입하여 행위성([+ Agentive]) 자질이 대격을 할당한다고 보고 행위성 동사([+ Agentive]V°)가 자신의 자매항 명사구에 대격을 할당한다[12]고 주장했다.

Hong(1991, 1992) 또한 결정자(determinant), 피결정자(determinee)란 개념을 제안하고 결정자 논항이 있을 때 피결정자에게 대격이 부여된다는 격표지 원칙을 제안했다. 이 또한 논항 명사구에 실현되는 '을'에 대한 설명으로 우리의 관심사인 비논항 등에 실현되는 '을'은 아예 논의 대상에서 제외되었다.

김영희(1988)에서는 전술한 (5)와 같은 문장을 소속 관계(pertinence relation) 구문, 셈숱화 구문 가운데 매김 관계 구문, 수혜 동사 구문(benefactive verb constructions), '하다' 동사 구문으로 구분하여 이들 문장 모두를 겹목적어 구문으로 보았다.

그런데 김영희(1988)에서의 문제점은 이러한 겹목적어 구문의 구체

---

12) An NP that is a sister of [+agentive]V° is assigned accusative Case(Kim (1990 : 169)).

적인 통사 현상을 자세히 설명하면서도 두 개의 명사구에 어떻게 대격 표지 '을'이 실현되었는지를 설명하고 있지 않다는 것이다. 그러므로 '을'의 실현에 관한한 근본적인 문제를 가지고 있다할 것이다.

다만 (5 ㄹ)의 '하다' 동사 구문의 경우 김영희(1988)에서는 복문 구조로 파악하고 '어근 가설'을 주장한 임홍빈(1979)과 '주서술어 가설'을 주장한 서정수(1975), '내부 목적어 가설'을 주장한 Song(1967), Park(1981)을 비판하면서 '하위 서술어 가설'을 주장했다. 하위 서술어 가설은 Chomsky(1981)의 목적격 할당 원리 (6)으로 '하다' 동사 구문의 '을'실현 현상을 충분히 설명할 수 있는 장점을 가지고 있고 또 수식어의 문법 범주나 부정사의 위치 제약, 서술어의 위치 제약, 의미역(θ-role) 할당 등으로 미루어 볼 때 '하다' 동사 구문의 두 번째 대격 표시 명사구가 보문의 서술어라는 것이 입증된다는 주장을 하고 있다.

이상과 같은 조사 '을'에 대한 앞선 연구들을 종합하면 크게 타동사 구문의 논항 명사구에 실현되는 '을'의 연구와 부사어 등과 같은 비논항 부가어(adjuncts)[13] 등에 실현되는 '을'의 연구로 가를 수 있다.

---

13) 논항(arguments)과 비논항(non-arguments), 즉 부가항(adjuncts)의 구분은 어떤 문장이 최소한의 온전한 문장이 되기 위해 그 문장의 서술어가 의무적으로 요구하는 필수 성분의 명사구냐 아니냐에 따라 결정된다고 볼 수 있는데 필수 성분인 명사구는 논항이고 수의적으로 부가되는 부가 성분은 비논항, 곧 부가항이다. Radford(1988 : 233~239)와 Matthews(1981 : 123-127)에 의하면 영어의 경우 문장의 필수 성분 판별 기준으로 피동화(passivization), 대명사화(pronominalization)의 가능 여부 등을 이용하고 있으나 국어의 경우 아직까지 문장 구성의 필수성 여부 이외에 뚜렷한 논항과 비논항 판별 기준은 없는 것으로 보인다.

최현배(1937)를 비롯한 대부분의 전통,구조주의 문법학자들과 근년의 Kang(1986), 김영희(1988), Kim(1990), Hong(1991) 등이 전자에 속하고 임홍빈(1972,1974, 1979, 1987), 이광호(1988), Maling(1989), Park(1992), 송창선(2009), 김지혜(2011) 등이 후자에 속한다고 하겠다. 그런데 후자에 속하는 대부분의 연구들이 논항에 실현되는 '을'과 비논항에 실현되는 '을'을 동일 기능 표지로 보지 않고 있다. 임홍빈(1972, 1974, 1979, 1987)과 이광호(1988)는 대체로 논항에 실현되는 '을'은 대격 표지로, 비논항에 실현되는 '을'을 주제화 첨사로 보고 있고 Park(I992)은 전자를 구조격 표지(structural Case marker)로, 후자를 형태격 표지 (morphological Case marker)로 보고 송창선(2009)은 보조사로 보는 것이 단적인 예가 된다.

그리고 여기서 반드시 짚고 넘어갈 것은 국어 조사 '을'에 대한 최근 연구 동향이 통사 위주의 연구에서 통사, 의미 위주의 연구로 바뀌고 있다는 사실이다. 즉 조사 '을'을 대격 표지로 보고 통사 구조적으로 어떻게 그 '을'이 실현되는가를 밝히려고 했던 것이 임홍빈(1972), Kang(1986) 이전의 대부분 '을'에 대한 연구들이다.

반면에 임홍빈(1972, 1974, 1979, 1987)과 이광호(1988)는 전술한 바와 같이 대격 표지로 볼 수 없는 조사 '을'을 의미 부담어인 주제 표지로 보았고 Kang(1986)은 [비상태성] 동사가, Kim(1990)은 [행위성] 동사가 자신의 자매항 명사구에 '을'을 할당한다고 보고 있고, Hong(1991, 1992)은 결정자(determinant) 논항이 있을 때 피결정자(determinee)에게 대격이 부여된다고 하고, 송창선(2009)은 격조사로 볼 수 없는 '을'을 의미를 지니는 보조사라 함으로써 조사 '을'의 연구 동향이 통사 위주에서 통사, 의미 위주로 바뀌고 있음을 시사하고 있다.

그러나 우리는 지금까지 앞선 연구들과는 달리 논항 명사구의 '을'과 비논항 명사구 등의 '을' 모두를 통사, 의미론적으로는 동일한 기능을 하는 동일 기능 표지라는 것을 앞으로의 논의에서 밝히게 된다. 이와 관련하여 김영희(1988 : 74-78)에서는 겹목적어 구문의 피동문되기와 격표시 현상을 논의하면서 대격 표시 명사구들이 피동문에서도 여전히 대격 표시 명사구로 남을 수 있는 까닭은 한마디로 그 피동문들이 이행성(transitvity)을 통사, 의미론적 특성으로 지니고 있기 때문이며 대격 표지는 그 문장이 이행성 문장임을 표시해 주는 이행성 표지(transitive marker)라고도 할 수 있다고 주장하고 문장의 이행성은 근본적으로 각 문장의 서술어가 지닌 의미 특성에서 발생한다고 주장했다.

우리는 이와 같은 김영희(1988)의 이행성 개념을 받아들이되 김영희(1988)와는 달리 Hopper/Thompson(1980)과 Yeon(1993)의 주장과 같이 이행성을 이분법적(dichotomous)인 개념으로 생각하지 않고 이행성의 정도에 따라 파악될 수 있는 하나의 연속체(continuum) 개념으로 받아들이고자 한다.

그리고 우리는 앞으로의 논의에서 논항에 실현되는 '을'이든 부사어와 같은 비논항 부가어에 실현되는 '을'이든 간에 국어 조사 '을'은 의미 층위(semantic level) 상에서는 모두 그 문장이 이행성이 높은 문장임을 표시해 주는 이행성 표지(transitive marker)라는 것과 조사 '을'은 반드시 동사구 구성 성분에만 실현된다는 것을 밝히게 될 것이다.

1.3. 이론적 배경

이 책의 이론적 배경이 될 Hopper/Thompson(1980)의 이행성 개념과 이행성 변항(parameters of transitivity), 그리고 이행성 가설(transitivity hypothesis)을 간추려서 지금부터 소개하기로 한다.

Lyons(1968 : 350-1)에 따르면 이행성이란 전통적으로 동사로 표현된 행위의 영향이 행위자(agent, actor)로부터 이행자(patient) 혹은 목표 대상(goal)에 이행, 전이 되는 것을 가리키는 개념으로 이해되고 있다. 그러나 이행성에 대한 이러한 개념적 정의는 많은 언어에서 발견되는 여러 가지 반대 사례들로 말미암아 부적절한 것으로 이해된다.

Lyons(1968)의 예문을 보자

(7) ㄱ. I hit you.

ㄴ. I hear you.

(7 ㄱ, ㄴ)은 동사 'hit'와 'hear'가 모두 두 자리 서술어인 타동사이고 또 똑같은 두 개의 대명사를 가지고 있음으로 정확히 동일한 통사적 관계를 가지지만 의미론적 측면에서 보면 (7 ㄱ)은 행위자인 'I'가 이행자인 'you'에게 행위의 영향을 미치는 해석이 되는 반면에 (7 ㄴ)은 주어인 'I'가 경험자가 되어 동사로 표현된 행위의 영향을 받는 해석이 된다는 것이다.

그래서 이행성이란 반드시 행위의 영향을 행위자로부터 이행자에게 끼치는 개념으로만 볼 수 없고 한 문장에서 동사로 표현된 행위의 영향이 이행자 뿐만 아니라 경험자에게 미치는 경우도 포괄할 수 있어야 한다고 보고 있다. 한편 Hopper/Thompson(1980)은 Lyons가 소개한 이러한 전통적 관점에서의 이행성 개념을 원칙적으로 수용하는 입장이나 이행성을 하나의 문장(clause)이 가지는 총체적 속성(global property)으로 보고 각 문장들은 그 성분들이 지니고 있는 열 가지 속성을 기준으로 하여 각 속성들이 보이는 정도의 높고 낮음에 의해 상대적으로 이행성 여부가 결정된다고 주장하고 있다. Hopper/Thompson이 제시한 열 가지 이행성 변항은 다음 (8)과 같다.

(8) Hopper/Thompson(1980 : 251~2)의 이행성 변항

변 항 \ 이행성 정도	높음	낮음
ㄱ.참여항(Participants) 수	둘 혹은 그 이상	하나
ㄴ.동작성(Kinesis)	행동적(action)	비행동적(non-action)
ㄷ.상성(Aspect)	완료적(telic)	비완료적(atelic)
ㄹ.순간성(Punctuality)	순간적(punctual)	비순간적(non-punctual)
ㅁ.의도성(Volitionality)	의도적(volitional)	비의도적(non-volitional)
ㅂ.긍정성(Affirmation)	긍정적(affirmative)	부정적(negative)
ㅅ.법성(Mode)	현실적(realis)	비현실적(irrealis)
ㅇ.행위성(Agency)	잠재 행위성이 높음 (agent high in potency)	잠재 행위성이 낮음 (agent low in potency)
ㅈ.목적어에 대한 영향성 (Affectedness of object)	전체적으로 영향 받음 (object totally affected)	영향 받지 않음 (object not affected)
ㅊ.목적어의 개별성 (Individuation of object)	개별성이 높음 (object highly individuated)	비개별적 (object non-individuated)

(8 ㄱ)은 참여항 수가 둘 또는 그 이상일 때 이행성이 높은 구문이 되고, (8 ㄴ)의 동작성이란 상태성에 반대되는 개념으로 동사로 표현된 행위가 동작성 행위일 때 그 문장의 이행성이 높다는 것이다.

또 (8 ㄷ)은 끝맺음이 있는 완료 형태의 행위는 끝맺음이 없는 진행 형태의 행위보다 이행자에게 미치는 영향이 더 크고, (8 ㄹ)의 순간성이란 시작과 끝의 과정이 없이 순간적으로 매듭되는 행위는 근본적으로 진행 중임을 가리키는 행위보다 이행자에게 미치는 영향이 더 크다는 것이다. (8 ㅁ)은 행위자의 의도적 행위가 비의도적 행위보다 이행자에게 미치는 영향이 더욱 분명하고 (8 ㅂ)은 긍정성과 부정성의 변수를 말하는 것이다.

(8 ㅅ)은 사건의 현실성과 비현실성 차이를 말하는 것이고, (8 ㅇ)은 [유정성(animate)] 행동주의 행위가 [비유정성] 참여항의 행위보다 영향을 미치는 정도가 더 크다는 것이다. (8 ㅈ)은 하나의 행위가 한 이행자에게 얼마만큼 완벽하게 영향을 미치는가 하는 정도의 문제이고, (8 ㅊ)은 이행자가 구체적이고 지시적인 경우는 추상적이고 비지시적인 이행자보다 행위의 영향을 받는 정도가 더 크다는 것이다.

그런데 Hoppe/Thompson(1980)에 따르면 (8)과 같은 이행성 변항들은 하나의 참여항에서 또 다른 참여항으로 행위의 영향이 미치는 효과나 정도의 양상이 각각 다르다.

Hopper /Thompson(1980 : 254)의 다음 예문을 보자.

(9) ㄱ. Susan left.

ㄴ. Jerry likes beer.

(9 ㄱ)은 비록 (8)의 이행성 변항 가운데 (8 ㄴ)의 동작성, (8 ㄷ)의 완료성, (8 ㄹ)의 순간성, (8 ㅁ)의 의도성 등의 이행성이 높은 자질들을 여러 개를 가지고 있기는 하지만 (8 ㄱ)의 참여항 수가 하나 뿐이므로 결과적으로는 참여항 수가 두 개인 (9 ㄴ)보다 이행성이 낮은 구문이 되었다. 실제 (9 ㄴ)은 (9 ㄱ)보다 (8 ㄱ)의 참여항 수 이외에는 이행성이 높은 자질들을 상대적으로 많이 가지고 있지는 않다. 다시 말하면 (9 ㄱ)이 (9 ㄴ)보다 이행성이 상대적으로 낮은 것은 참여항 수가 하나로, 목적어를 가지지 못하는 것이 결국 이행성이 낮은 문장이 되게 하는 원인이 된 것이다.

또 Hopper /Thompson(1980 : 254)에 따르면 많은 언어의 문법에서 (8)과 같은 이행성 변항들이 광범위하고도 체계적으로 밀접한 관계를 가지면서 공변(co-variation)하고 있다는 것이다. 즉 한 문장에 형태 통사론적으로나 의미론적으로 두 개의 이행성 변항들이 쌍을 이루어 의무적으로 나타나면 그 결과는 반드시 그 문장이 이행성이 높거나 아니면 낮게 된다는 것이다. Hopper/Thompson은 이와 같은 문법의 보편적인 속성을 이행성 가설로 설정하여 다음과 같이 제안했다.

(10) Hopper/Thompson의 이행성 가설(transitivity hypothesis)

한 언어에서 (a)와 (b) 두 문장(clause)이 있을 때 (a)가 이행성 변항 (8 ㄱ ~ㅊ)에 따라 상대적으로 이행성이 더 높고 그 결과 그에 따른 문법적 혹은 의미론적 차이가 (a)의 어느 곳에 나타나게 된다면 그 차이는 (a)가 반드시 이행성이 높다는 것을 말한다. (Hopper/Thompson(1980 : 255))

Hopper/Thompson의 이행성 가설에 따르면 이행성 변항들에 근거하여 이행성의 높고 낮음 정도가 다른 두 문장이 있을 때 이행성이 높은 문장에는 그 문장으로 하여금 이행성을 높게 한 이행성 변항들과 밀접한 관계를 가지는 형태, 통사론적 혹은 의미론적 차이가 반드시 나타난다는 것인데 우리는 이와 같이 어떤 문장의 이행성이 높음을 보여주는 국어의 그 형태, 통사 표지를 국어 조사 '을'[14]이라고 본다.

다음 예문을 보자.

(11) ㄱ. 나는 사과를 먹었다.
ㄴ. 나는 사과가 좋다.

Hopper/Thompson의 이행성 변항 (8)에 따르면 (11 ㄱ, ㄴ)은 똑같이 참여항이 두 개이고 유정성 명사가 주어로 선택된 문장이나 (11 ㄱ)은 동작성 동사 구문으로 이행성이 높은 문장이 되었고 (11 ㄴ)은 상태성 동사로 말미암아 (11 ㄱ)에 비해 상대적으로 이행성이 낮은 문장이 되었다. 그 결과 상대적으로 이행성이 높은 (11 ㄱ)의 두 번째 명사구에는 이행성 표지 '을'이 실현되었고 이와는 반대로 이행성이 낮은 (11 ㄴ)의 두 번째 명사구에는 주격 조사 '가'가 실현되었다. 이와 같은 사실은 Hopper/Thompson의 이행성 가설에 따라 국어에서 이행성이 높은 문장에는 그 문장이 이행성이 높음을 나타내는 형태 통

---

14) Hopper/Thompson(1980: 256)은 이행성 가설을 입증하는 이행성의 형태, 통사 표지로 스페인어의 목적어에 실현되는 'a', 힌두어의 '-koo', 현대 히브리어의 'et' 등을 들고 있다.

사 표지로서 '을'이 실현된다는 것을 말해 주고 있다.

지금까지 우리는 본 연구의 이론적 배경이 될 Hopper /Thompson의 이행성 개념과 이행성 변항, 그리고 이행성 가설의 대략을 살펴봤다. 국어 조사 '을'이 이행성 표지라는 구체적인 내용은 다음 제 2장에서 상세히 살피도록 한다.

1.4. 논의의 구성

이 책은 모두 다섯 개의 장으로 구성되어 있다. 제2장 이하에서 다룰 내용을 간단히 소개하기로 한다.

제2장에서는 한국어 조사 '을'이 이행성 표지라는 것을 입증하기 위하여 먼저 이행성 개념을 규정하고 한 문장의 이행성 정도를 결정하는 Hopper/Thompson(1980)의 이행성 변항 10가지를 구체적으로 국어에 적용하여 살피게 된다. 그리고 한국어 조사 '을'의 실현 조건을 의미론적 조건과 통사론적 조건으로 나누어 제안한다. 제3장과 제4장에서는 한국어 이행성 표지 '을'실현 구문을 '을'한번 실현 구문과 '을' 거듭 실현 구문으로 크게 둘로 나누어 다루게 된다.

먼저 제3장에서는 '을'이 실현된 명사구 하나를 갖는 타동사 구문, '가다', '오다' 등과 같은 이동 동사로 구성되는 구문 가운데 '을'실현 명사가 어휘 의미상 '동작성'을 지니는 목적성 목적어(purposive object) 구문, 또 처소격 조사 '에'가 실현된 명사구에 '을'이 통합,

실현되는 처소 명사구 구문, 빈도, 거리, 시간 등의 셈숱말에 '을'이 실현되는 문장 셈숱화 구문, 동사를 꾸미는 성분 부사에 '을'이 실현되는 성분 부사 구문, 보문자 '아/어 게 지 고' 뒤에 '을'이 실현되는 보문자 구문의 '을'실현 현상을 다루게 된다.

제4장은 '을' 거듭 실현 구문들로서 '을'실현 두 명사구의 관계가 전체와 부분의 관계인 소속 관계 구문, 여격 명사구를 갖는 수여 동사(dative verb) 구문, 셈숱말과 선행 명사에 '을'이 각각 실현되는 셈숱화 구문, '하다' 동사 구문, 그리고 마지막으로 자료, 자격 명사구 구문의 '을'실현 현상을 구체적으로 다루게 된다.

제5장은 각 장의 논의들을 요약, 정리함으로써 본 연구를 마무리하고자 한다.

2

CHAPTER

한국어 조사 '을/를'의 통사·의미론적 연구

제2장

이행성(Transitivity)과 한국어 조사 '을/를'

제2장

이행성(Transitivity)과 한국어 조사 '을/를'

2.1. 들어가기

이 장에서는 먼저 한국어 조사 '을'이 서술어로 표현된 행위나 상태의 영향이 그 문장의 참여항이나 부가항(adjuncts)에 미치고 있음을 표시하는 이행성 표지라는 것을 입증하기 위하여 2.2.절에서 이행성 개념을 규정하고 2.3.절에서는 Hopper/ Thompson(1980)의 이행성 변항 열 가지를 국어에 적용하여 이들 10가지 변항들이 이행성 문장의 판별 기준이 될 수 있는지 이를 검증하게 된다. 2.4.절에서는 조사 '을'실현의 의미론적 조건을 제시하고 2.5.절에서는 조사 '을'실현의 통사론적 조건을 제시하게 될 것이다.

2.2. 이행성(Transitivity)의 개념

Lyons(1968 : 350)는 이행성 개념을 전통적으로 동사로 표현된 행위의 영향이 행위자로부터 이행자에게 미치는 것을 가리킨다고 소개했다. 그러나 Lyons의 이러한 이행성에 대한 개념적 정의는 Robins (1964)이 예로 든 여러 영어 문장에서도 알 수 있듯이 이행성에 대한 의미론적 정의로는 합당한 것이 되지 못한다.

Hopper/Thompon(1980 : 251)도 전통적으로 이행성이란 하나의 행위가 행위자로부터 이행자에게 전이(carry over)됨을 가리키는 한 문장의 총체적 속성으로 이해된다고 했다. 다만 이러한 이행성 개념이 많은 언어의 문법에서 여러 가지 결과를 예측케 하는 주요한 관계 개념임을 강조하면서 이행성 개념은 여러 가지 구성 요소[1]로 나눌 수 있다고 했다. 한편 김영희(1988 : 75)는 이행성 개념을 다음 (1)과 같이 정의했다.

(1) '이행성'이란 둘 또는 그 이상의 참여항(participants)으로 구성되는 문장에서 서술소(predicator), 즉 서술어에 의해 표현된 행위의 영향이 참여항의 하나인 수행자(patient)[2] 또는 경험자

---

1) 우리는 2.3. 절에서 이행성 개념의 열 가지 구성 요소, 즉 이행성 변항을 국어에 적용하여 자세히 검토하게 된다.

2) 영어의 'patient'를 우리말로 '수행자', '이행자', '대상'으로 부르고 있으나 우리는 '이행자'로 부르기로 한다.

(experiencer)에게 미치고 있음을 가리키는 통사, 의미론적 관계이다.

김영희(1988 : 52)에 따르면 (1)과 같이 정의되는 이행성 문장의 참여항 가운데 주어로 선택되는 것 이외의 하나는 대격 표지가 표시됨으로써 통사 층위 상의 목적어가 될 수 있는데 이런 의미에서 대격 표지는 이행성 표지(transitive marker)라고도 할 수 있고 사용 층위 상으로는 '정보 초점'[3]을 표시해 주는 양면 기능을 가진다고 했다.

실제 김영희의 위와 같은 주장은 다음 (2 ㄱ~ㄹ) (김영희(1988 : 76))에서 확인할 수 있다.

(2) ㄱ. 철이가 나무를 벤다.
ㄴ. 아이가 방문을 열었다.
ㄷ. 나그네가 외로움을 느낀다.
ㄹ. 신사가 매를 맞는다.

(2 ㄱ~ㄹ)은 모두 이행성 문장들로서 (2 ㄱ, ㄴ)은 서술어로 표현된 행위가 이행자 명사구인 목적어에 그 영향을 끼치고 있고 (2 ㄷ, ㄹ)은 경험자 혹은 이행자 명사에 그 영향을 끼치므로 이행성을 보여주고 있다. 그런데 대격 표지 '을'은 서술어가 나타내는 행위로부터 영향을

3) 국어 조사 '을'의 화용론적 의미에 대해서는 이 논문에서 자세히 다루지 않기로 한다. '을'의 화용론적 의미에 대해 신현숙(1982)은 청자의 영역에 새로 도입하거나 대조에 초점을 맞추거나 화제의 초점을 전하기 위해 '주의 집중'의 기본적 의미를 '을'이 지니고 있다고 주장했다.

받는 참여항이냐 아니냐에 관계없이 주어 이외의 명사구와 결합, 목적어를 구성함으로써 그 문장이 이행성 문장임을 통사적으로 보여준다고 김영희(1988)는 주장했다.

김영희(1988)는 또 문장의 이행성은 근본적으로 각 문장의 서술어가 지닌 의미특성에서 발생하고 서술어로 표현된 행위로부터 영향을 받고 있는 이행자 또는 경험자 명사구에서 그 의미적 실체가 드러나며 대격 표지가 표시되어 있는 목적어의 선택에서 그 구체적 문법화를 보게 된다고 주장하고 있다.

우리는 김영희(1988)의 이러한 이행성 개념과 국어조사 '을'의 통사, 의미론적 기능에 대해 원칙적으로 찬동하는 바이다. 그러나 국어조사 '을'이 의미 층위 상으로는 이행성을 표시하는 이행성 표지이고 통사적으로는 목적어를 표시하는 대격 표지라는 양면 기능을 가지는 것만은 사실이나 문제는 항상 이와 같은 양면 기능이 성립하지 않는다는 것이다.

우리는 이미 제1장 1.1.절에서 국어 조사 '을'을 통사적인 측면에서 대격 표지로 볼 수 없는 사례가 국어의 언어 현실에서 많이 있음을 확인했다. 그래서 우리는 통사, 의미론적으로 국어 조사 '을'의 주된 기능을 이행성 표지로 보고 국어의 '을'실현 현상을 모두 포괄적으로 설명할 수 있는 이행성 개념을 다음 (3)과 같이 재정립하고자 한다.

(3) 이행성이란 어떤 문장에서 서술어로 표현된 행위나 상태의 영향이 그 문장의 참여항(participants)이나 부가항(adjuncts)에 미치고 있음을 가리키는 통사, 의미론적 관계다.

우리가 이행성 개념을 (3)과 같이 규정하는 근거는 먼저 이행성이란 개념이 Hopper/Thompson(1980)과 Yeon(1993)의 지적처럼 이분법적(dichotomous)개념이 아니라 하나의 연속체(continuum)로서 정도의 개념으로 파악해야 한다는 것이다.[4)]

그러므로 이행성이 반드시 참여항이 둘 이상인 문장에서만 발생하는 의미 특성이 아니라 참여항이 하나인 문장에서도 그 정도의 차이가 있을지언정 이행성을 찾을 수 있다.

다음 예문을 보자. 설명의 편의를 위해 제1장의 (1 ㄱ, ㄴ)을 재인용한다.

(4) ㄱ. 동길이가 의자에를 앉았다.
    ㄴ. 한샘이가 집에를 왔다.

(4)는 모두 참여항이 하나인 자동사 구문이다. 주격 표지 '가'가 실현된 주어 명사구만 참여항이고 이행성 표지 '을'이 실현된 명사구는 처소격 조사 '에'가 실현된 부가항(adjuncts)이다. 그러나 (4)의 두 문장은 다음 (5)와 비교하면 (4ㄱ, ㄴ)이 (5ㄱ, ㄴ)보다 상대적으로 이행성이 높은 문장임을 확인할 수 있다.

---

4) 국어에서 이행성 개념을 이분법적 개념으로 파악할 것이 아니라 Hopper/Thompson(1980)이나 Yeon(1993)의 주장과 같이 하나의 연속체 개념으로 파악해야 할 이유는 첫째, 모든 문장이 이분법적으로 이행성이 있다 없다로만 파악될 수가 없고 둘째, 이행성이란 개념이 상대적인 정도의 문제로서 높고 낮음으로 파악되어야 하기 때문이다.

(5) ㄱ. 동길이가 앉았다.

ㄴ. 한샘이가 왔다.

(4 ㄱ, ㄴ)은 앉는 행위와 오는 행위의 영향이 미치는 대상이 처소 명사구 '의자에'와 '집에'이다. 반면에 (5 ㄱ, ㄴ)은 동사로 표현된 행위의 영향이 미칠 대상이 없기 때문에 사실상 이행성이 없는 구문이다. 여기서 우리가 (4), (5)의 예문을 통해서 확실히 알 수 있는 것은 참여항이 하나뿐이고 부가항 조차 없는 (5)와 같은 '주어+동사' 구문 보다는 비록 같은 자동사 구문이긴 하나 (4)와 같이 '을'이 실현될 수 있는 부가항이 있는 구문이 이행성이 상대적으로 훨씬 더 높다는 사실이다.

또 (4)와 같이 부가항이 동사의 영향을 받아 이행성 구문이 될 경우는 부가항에 실현되는 이행성 표지 '을'은 대체로 수의적으로 실현되나 이와는 대조적으로 (2 ㄱ~ㄹ)과 같이 참여항이 둘 이상인 문장에 있어서는 동사로 표현된 행위의 영향을 받는 이행자 명사구는 의무적으로 이행성 표지 '을'이 실현되는 경우가 대부분이다.

우리는 지금까지 참여항이 하나인 문장도 동사로 표현된 행위의 영향을 받는 부가항이 있을 때 이행성 문장이 될 수 있음을 확인하였고 그에 따라 이행성 개념을 (3)과 같이 규정하기로 한다.

2.3. Hopper/Thompson의 이행성 변항 (Parameters of transitivity)

Hopper/Thompson(1980)은 이행성이란 개념은 여러 가지 구성 요소(components)를 내포하고 있는데 그 구성 요소를 열 가지 변항(parameters) (1.3.절의 (8) 참조)으로 보고 열 가지 변항을 기준으로 하여 각 변항들이 보이는 정도의 높고 낮음에 의해 상대적으로 이행성 여부가 결정된다고 주장하고 있다.

우리는 지금부터 1.3.절에서 소개한 Hopper/Thompson의 이행성 변항 열 가지를 국어에 적용하여 구체적으로 살피도록 하겠다.

2.3.1. 참여항(Participants)의 수

참여항 수가 최소한 두 개가 되지 못할 경우 행동주의 행위가 이행될 필수적 대상이 없기 때문에 이행성이 낮은 구문이 되기 쉽다. 반대로 참여항의 수가 두 개 이상이면 행동주(agent) 참여항과 이행자(patient) 참여항을 가질 수 있으므로 능동문의 주어로 선택된 행동주의 행위의 영향이 목적어로 선택된 이행자 명사구에 미치게 되어 이행성이 높은 문장이 된다는 것이다.

이와 같은 주장은 국어의 경우에도 그대로 적용이 된다. 즉 참여항 수가 두 개 이상인 문장은 이른바 타동사 구문인 2~3항 서술어 구문이 되기 쉽고 또 그러한 타동사 구문은 반드시 이행성 표지 '을'이 실현된 목적어를 갖는 이행성 구문이다.

반면에 참여항의 수가 하나인 구문은 대부분 자동사 구문이 되어 행동주의 행위의 영향이 미칠 대상이 없는 경우가 되기 쉽고 그래서 상대적으로 타동사 구문에 비해 이행성이 낮은 구문이 되는 것이다.

(6) ㄱ. 한샘이는 공을 찼다.
ㄴ. 동길이는 책을 영이에게 주었다.

(6 ㄱ)은 참여항이 둘이고 (6 L)은 참여항이 셋인 문장인데 행동주의 동사로 표현된 행위의 영향이 참여항의 하나인 이행자에게 미치는 이행성 문장이다. 그래서 이행자 명사구에는 이행성 표지 '을'이 실현되어 이행성이 높은 문장임을 표시해 주고 있다. 또 다음 예문을 보자.

(7) ㄱ. 지은이가 예쁘다.
ㄴ. 한샘이가 왔다.

반면에 (7 ㄱ, ㄴ)은 참여항이 하나뿐인 형용사, 자동사 구문으로 이행성이 아주 낮은, 사실상 이행성이 없는 문장이다.

그러나 국어에는 참여항이 둘 이상이라고 하여 반드시 이행성이 높은 구문이 되는 것은 아니며 또 참여항이 하나라고 하여 반드시 이행성이 낮은 구문이 되는 것은 아니다. 이러한 사실은 이미 앞절에서 이행성 개념을 정립할 때에 면밀히 검토한 바 있지만 이를 다시 확인하기 위해 다음 (8), (9)와 같은 문장을 보자.

(8) ㄱ. 나는 미술이 싫다.

ㄴ. 나는 음악이 좋다.

(9) ㄱ. 지성이가 학교에를 갔다.

ㄴ. 지은이가 대구에를 왔다.

(8 ㄱ, ㄴ)은 참여항이 두 개인 문장이지만 서술어가 상태성 동사인 형용사이기 때문에 두 번째 참여항 명사구에 대격 표지 '을' 대신 주격 표지 '이'가 실현되었고 결과적으로 이행성이 낮은 구문이 되었다.

반면에 (9ㄱ, ㄴ)은 참여항은 비록 하나뿐인 자동사 구문이지만 처소격 조사 '에'가 실현된 부가항인 또 다른 명사구를 가지고 있음으로 말미암아 그 부가항 처소 명사구에 이행성 표지 '을'이 실현되어 결과적으로 이행성 구문이 되었다.

참여항 수와 관련하여 예문 (8), (9)를 통해 우리가 얻을 수 있는 결론은 대략 다음과 같다.

첫째, 참여항의 수가 둘 이상인 문장이 동작성 타동사 구문이면 반드시 이행성이 높은 구문이 되고 그 문장에서 주어로 선택된 참여항 명사구 이외의 또 다른 하나의 참여항 명사구에는 반드시 그 문장이 이행성 문장임을 의미하는 이행성 표지 '을'이 실현된다.

둘째, 비록 참여항이 둘인 문장이라 할지라도 서술어가 형용사와 같은 상태성 동사 구문이 되면 두 참여항 명사구 어디에도 이행성 표지 '을'이 실현될 수 없고 그 구문은 이행성이 낮은 문장이 된다. 또 이행성 표지 '을'이 실현되지 못한 명사구에는 (8 ㄱ, ㄴ)과 같이 대체로 주격 조사 '이/가'가 실현되는데 주격 조사 '이/가'는 문장의 이행성을 줄이는 역할을 한다고 볼 수 있다.

셋째, 참여항의 수가 비록 하나인 자동사 구문이라도 서술어의 의미 특성에 따라 (9 ㄱ, ㄴ)과 같이 부가항 명사구를 가지는 문장은 그 처소 명사구에 이행성 표지 '을'이 실현되어 그 문장이 이행성 문장임을 보여준다.

2.3.2. 동작성(Kinesis)

상태성 동사가 아닌 동작성 동사구문은 하나의 참여항으로부터 또 다른 참여항으로 그 동사로 표현된 행위의 영향이 쉽게 전이가 되어 그 문장이 이행성 문장임을 보여준다.

다음 문장을 보자.

(10) ㄱ. 철수가 영이를 껴안았다.
ㄴ. 철수가 영이를 붙잡았다.
ㄷ. 철수가 영이를 때렸다.
ㄹ. 철수가 영이를 떠밀었다.

(11) ㄱ. 나는 영이가 좋다.
ㄴ. 나는 영이가 싫다.
ㄷ. 나는 영이가 밉다.
ㄹ. 나는 영이가 그립다.

(10)은 모두 동작성 행위 동사구문으로 의미상 영이에게는 철수의 행위가 가해져서 물리적 변화가 생긴 것이고 (11)은 모두 상태성 동사, 즉 심리 형용사 구문인데 나의 심리 상태를 묘사한 것으로 사실 영이에게는 아무런 물리적 변화가 없다고 보아야 한다.

그래서 동작성 동사 구문은 목적어 명사구인 이행자 명사구에 이행성 표지 '을'이 실현되어 이행성이 높은 문장이 되었고 비동작성 동사 구문인 (11)의 문장들은 두 번째 참여항 명사구에 이행성 표지 '을' 대신 주격 표지 '가'가 실현되어 동작성 동사 구문인 (10)보다 이행성이 상대적으로 낮은 구문이 되었다.

동작성 동사 구문이 이행성이 높고 비동작성 동사 구문, 즉 상태성 동사 구문이 이행성이 상대적으로 낮다는 사실은 '좋다'나 '싫다', '밉다'와 같은 상태성 동사에 '-아/어 하다'를 연결시켜 동작성 동사로 바꾸어 보면 확실히 파악할 수가 있다. 다음 (12)를 보자.

(12) ㄱ. 나는 영이를 좋아한다.
ㄴ. 나는 영이를 싫어한다.
ㄷ. 나는 영이를 미워한다.
ㄹ. 나는 영이를 그리워한다.

(12 ㄱ~ㄹ)은 (11 ㄱ~ㄹ)의 형용사에 '-아/어 하다'를 연결시켜 동작성 동사로 바꾼 구문이다. (12 ㄱ~ㄹ)은 (11ㄱ~ㄹ)과 대비하면 형용사에 '-아/어 하다'가 연결되면서 두 번째 참여항 명사구에 이행성 표지 '을'이 실현되어 (11 ㄱ~ㄹ)과는 달리 상대적으로 이행성이 높은 구문이 되었다.

그러나 형용사 '좋다', '싫다' 등의 통사, 의미론적 특성 때문에 (11 ㄱ~ㄹ)의 두 번째 참여항 명사구에 주격 표지 '가' 대신에 이행성 표지 '을'이 실현된 (13 ㄱ~ㄹ)은 비문법적인 문장, 즉 비문이 된다.

(13) ㄱ. *나는 영이를 좋다.
ㄴ. *나는 영이를 싫다.
ㄷ. *나는 영이를 밉다.
ㄹ. *나는 영이를 그립다.

(11), (12), (13)을 통해서 알 수 있는 것은 서술어의 동작성 의미 자질 여부가 그 문장의 이행성 정도를 결정하는 주요한 통사, 의미론적 요인이 된다는 사실이다.[5)]

이와 같은 사실은 다음 (14)의 문장들을 통해서도 확인할 수 있다.

(14) ㄱ. 철이가 영이를 좋아를 한다.
ㄴ. 철이가 영이를 싫어를 한다.
ㄷ. 철이가 영이를 미워를 한다.

---

5) 서술어의 동작성 의미 자질이 그 문장의 이행성 정도를 높게 하는 주요한 요인이 되는 것은 사실이나 국어의 경우 특이하게 상태성 동사 즉 형용사 구문도 이행성을 가지는 경우가 있다.

(가) ㄱ. 영이가 일주일을 아팠다.
ㄴ. 영이가 예쁘지를 아니하다.

(가 ㄱ)은 서술어로 표현된 상태의 영향이 일정기간 지속됨을 가리키고 있고 (가 ㄴ)은 모문 서술어로 표현된 부정의 대상이 내포문 전체가 됨을 보이므로 이행성을 갖는 것으로 볼 수 있다.

ㄹ. 철이가 영이를 그리워를 한다.

(14 ㄱ~ㄹ)은 동작성 동사 구문으로 목적어 명사구와 보문자 '아/어'에 이행성 표지 '을'이 거듭 실현되어 (14 ㄱ~ㄹ)이 이행성 문장임을 입증해 주고 있다.

2.3.3. 상성(Aspect)

하나의 행위를 그 행위의 결과에 대한 관점에서 볼 때 완료상(telic) 행위는 비완료상(atelic) 행위, 즉 예를 들면 진행상 행위보다 이행자에게 더 효과적으로 이행될 수 있다는 것이다.

(15) ㄱ. 철수가 그 사과를 먹었다.
ㄴ. 철수가 그 사과를 먹고 있다.

(15 ㄱ)은 먹는 행위가 완료된 것으로 사과 전체를 다 먹고 없는 것이고 (15 ㄴ)은 먹는 행위가 진행 중에 있기 때문에 사과의 일부가 남아 있다는 것이다. 다시 말하면 서술어의 상성(aspect)이 완료적일 때는 진행형의 문장보다 서술어로 표현된 행위의 영향이 이행자 명사구에 미치는 범위가 전체적이기 때문에 비록 동일 동사 구문이라도 더 이행성이 높은 문장이 된다.

그러나 (15 ㄱ)과 (15 ㄴ)의 이행성 정도의 차이는 이행성 표지 '을'이 나타나거나 아니면 나타나지 않을 정도로 그 차이가 큰 것은 아니다. 그러므로 비록 (15 ㄴ)이 (15 ㄱ)보다 이행성이 상대적으로 더 낮다고 하더라도 (15 ㄴ)에도 역시 이행성 표지 '을'이 이행자 명사구 '그 사과'에 실현됨으로써 (15 ㄴ)이 이행성 문장임을 표시하고 있다. 이런 점에서 볼 때 동사의 상성(aspect)에서 오는 이행성 정도의 차이는 동사의 동작성(kinesis)에 기인한 이행성 정도의 차이와는 대조적이다.

즉 (10)~(14)를 통해서 알 수 있는 바와 같이 서술어가 동작성 동사냐 아니면 상태성 동사냐에 따라 이행성 표지 '을'의 실현 여부가 결정되는데 비해 (15)를 통해서 얻을 수 있는 결론은 서술어의 상성(aspect)은 국어의 경우 이행성 정도의 차이는 보여준다고 할 수 있으나 이행성 표지 '을'의 실현 여부를 결정지을 만큼 이행성 정도에 크게 영향을 미치지는 않는 것으로 판단된다.

2.3.4. 순간성(Punctuality)

시간적으로 시작과 끝의 과정이 없는 순간성 행위는 처음과 끝이 있는 과정성 진행 (on-going) 행위 보다 더 효과적으로 이행자에게 영향을 미치게 할 수 있음으로 이행성이 상대적으로 더 높게 된다.

다음 문장을 보자.

(16) ㄱ. 한샘이가 공을 찼다.
　　ㄴ. 한샘이가 이삿짐을 옮긴다.

(16 ㄱ)의 '차다' 동사는 차는 행위의 시작과 끝을 구분하기 어려운

순간적(punctual) 행위 동사이고 (16 ㄴ)의 '옮기다' 동사는 시간, 공간적으로 옮기는 행위의 시작과 끝을 구분할 수 있는 과정성 행위동사이다.

그러므로 순간성 동사 구문은 과정성 동사 구문보다 상대적으로 이행성이 더 높다는 것이다.

그러나 국어에 있어서 어떤 서술어가 고유하게 가지는 '순간성'과 같은 상적 의미 특성이 국어 이행성 표지 '을'의 실현 여부를 결정지을 정도로 이행성 정도의 차이를 보이게 하지는 않는 것으로 판단된다.

2.3.5. 의도성(Volitionality)

행위자가 의도적으로 어떤 행위를 할 때 우연적인 행위보다는 훨씬 더 이행자에게 많은 영향을 미치게 된다.

(17) ㄱ. 철수가 영이의 이름을 썼다.
ㄴ. 철수가 영이의 이름을 잊었다.

(17 ㄱ)은 (17 ㄴ)보다 상대적으로 이행성이 더 높다는 것이다. 왜냐하면 (17 ㄱ)의 철수가 영이의 이름을 쓴 것은 의도적 행위이고 (17 ㄴ)의 철수가 영이의 이름을 잊은 것은 우연한 행위이기 때문이라는 것이다. 물론 철수가 부지불식간에 영이의 이름을 쓸 수도 있고 철수가 의도적으로 영이의 이름을 잊을 수도 있으나 여기서 우리가 전제하는 두 문장의 의미 해석은 첫째 철수가 의도적으로 영이의 이름을

켰을 경우와 또 철수가 부지불식간에 우연히 영이의 이름을 잊어버렸을 경우의 해석에 한한다.

그런데 행위자의 행위의 의도성 여부는 2.3.2.의 동작성 동사의 선택과 2.3.8.의 유정성(animate) 명사가 주어로 선택되는 것과 밀접한 관계를 가지므로 특정 문장의 이행성 여부를 가리는 주요한 판별 기준이 될 수 있다. 즉 행위자의 의도적 행위는 동작성 동사로 표현되기 쉽고 이때 행위자는 반드시 유정성 명사일 수밖에 없기 때문이다.

우리는 앞으로 특정 문장에서 행위자의 동사로 표현된 행위의 의도성을 확인하는 방법으로 동사 어간에 '-려고 하다'를 연결하여 그 성립여부로 의도성을 판정하게 될 것이다.

2.3.6. 긍정성(Affirmation)

문장의 서술어로 표현된 행위의 내용이 부정적인 것보다는 긍정적인 것이 더 이행성이 높게 된다. 왜냐하면 긍정적인 문장은 사실상 서술어로 표현된 행위가 일어난 것이고 부정적인 문장은 서술어로 표현된 행위가 실제는 일어나지 않았기 때문에 서술어로 표현된 행위의 영향이 이행자 명사구 등에 미쳤다고 보기는 어렵기 때문이다.

(18) ㄱ. 철수가 영이를 때렸다.
ㄴ. 철수가 영이를 때리지 않았다.

(18 ㄱ)은 철수의 때리는 행위가 영이에게 이루어진 것이고, (18 ㄴ)

은 철수의 때리는 행위가 영이에게 실제 미치지 못했다는 것이다. 그러므로 긍정적인 문장의 이행성이 부정적인 문장보다 상대적으로 높다는 것이다.

서술어로 표현된 행위의 긍정성과 부정성의 의미 차이도 국어의 이행성 표지 '을'이 나타나게 한다든가 나타나지 않게 하는 직접적인 요인이 될 정도로 이행성 정도의 차이를 결정짓는 것으로 보이지는 않는다.

2.3.7. 법성(Mode)

현실적으로 일어나지 않았거나 우연적인 사건, 특히 비현실적인 사실을 표현하는 문장은 현실적인 사실을 표현하는 문장보다 이행성 정도가 낮다는 것이다.

다음 예문을 보자.

(19) ㄱ. 철수가 어제 영어를 공부했다.
ㄴ. 철수가 아마 영어를 공부했겠다.

(19 ㄱ)은 실제 일어난 일이고 (19 ㄴ)은 서술어로 표현된 행위가 실제 있었던 사실로 확인되지 않는 일을 추측한 것으로 (19 ㄱ)이 (19 ㄴ)보다 이행성이 더 높은 문장이 된다는 것이다. 그러나 국어의 경우 법성(mode)에 따라 이행성 정도의 차이가 나는 것이 사실이나 그 정도의 차이가 이행성 표지 '을'의 실현 여부와 직접 연관되지는 않는 것으로 보인다.

2.3.8. 행위성(Agency)

유정성(animate) 명사가 행동주가 될 때 비유정성 명사가 행동주가 되는 문장보다 이행성이 더 높게 된다.

(20) ㄱ. 철수가 영이를 놀라게 했다.
ㄴ. 사진이 영이를 놀라게 했다.

(20 ㄱ)은 유정성 명사 '철수'가 행동주이기 때문에 (20 ㄴ)처럼 비유정성 명사 '사진'이 행동주인 문장보다는 상대적으로 이행성이 더 높게 된다. 왜냐하면 (20 ㄱ)은 (20 ㄴ)에 비해 행동주의 행위의 결과가 하나의 지각할 수 있는 사건(a perceptible event)이고 반면에 (20 ㄴ)은 (20 ㄱ)에 비해 완전히 마음 내부적 상태의 문제(a matter of an internal state)가 되기 때문이다.

다시 말하면 행위성 동사 구문의 행동주는 대체로 행동주가 유정성 명사가 대부분이나 비유정성 명사가 수사법적으로 의인화되어 쓰일 때는 유정성 명사의 행동주 구문보다 이행성이 상대적으로 낮아진다는 말이다.

2.3.9. 목적어에 대한 영향성(Affectedness of object)

동사로 표현되는 행위의 영향이 목적어에 미치는 정도가 높으면 높을수록 그 문장의 이행성은 높아지게 된다.

(21) ㄱ. 철수가 그 우유를 다 마셨다.
ㄴ. 철수가 그 우유의 일부를 마셨다.

(21 ㄱ)은 전체 우유를 다 마시고 남은 것이 없는 상태고 (21 ㄴ)은 철수가 마신 우유가 전부가 아니고 일부로서 아직 남아 있는 우유가 있는 것이다. 즉 철수의 마시는 행위가 (21 ㄱ)은 우유 전체에 미치는 것이고 (21 ㄴ)은 철수의 마시는 행위의 영향을 받는 우유가 전체가 아니고 부분적인 것이기 때문에 이행성 정도에 차이가 나게 된다.

특정 문장의 이행성이 목적어의 영향받음 정도에 따라 변한다는 사실은 국어 이동 동사(locomotive verb) 구문의 통사, 의미론적 해석을 통해서 분명히 확인할 수 있다. 이동 동사 구문에서 처소나 기간 등을 나타내는 말에 이행성 표지 '을'이 실현되면 단순한 공간적 장소나 순간적인 시점만을 지칭하는 조사 '에'와는 달리 그 처소가 가지는 속성을 포함한 처소 전체나 기간 전체를 가리키는 의미 특성을 갖는다.[6)]

(22) ㄱ. 철수가 집에서 떠났다.
ㄴ. 철수가 집을 떠났다.

(22 ㄱ)은 철수가 집이라는 단순한 장소, 즉 단순히 집에 있다가 떠난 것을 표현하고 (22 ㄴ)은 철수가 집과의 인연을 끊었다는 뜻을

---

6) 이동 동사 구문에 실현된 '을'의 '전체성' 의미에 대해서는 홍윤표(1978), 임홍빈(1979), 홍재성 (1987), 정희정 (1988) 참조.

갖기가 쉽다.

(23) ㄱ. 산에 가다가 호랑이를 만났다.

ㄴ. 산을 가다가 호랑이를 만났다.

(23 ㄱ)은 호랑이를 만난 주체가 아직 산에 도달하지 못한 상태에서 산을 향해가는 도중에 호랑이를 만난 것이고 (23 ㄴ)은 산속에서 호랑이를 만난 경우로 해석이 된다. (23 ㄱ)은 산이 주체의 목표점이 되고 (23 ㄴ)은 방향성이 없이 가는 행위가 지속되는 영역, 즉 산 전체를 의미하는 해석이 된다.

(24) ㄱ. 우리는 대전을 지났다.

ㄴ. *우리는 대전에 지났다.

(24 ㄱ)은 자연스런 문장이고 (24 ㄴ)이 비문법적인 문장이 되는 이유는 (24 ㄱ, ㄴ)의 이동 동사 '지나다'는 어떤 처소 공간 전체를 경과 단계로 요구하는 동사이기 때문이다. 그래서 처소 명사구에 전체성과 연관된 이행성 표지 '을'이 실현된 (24 ㄱ)은 자연스런 이행성 문장이 될 수 있고 처소 명사구의 일정 부분이나 경과 단계가 아닌 도달 장소의 일부분을 의미하게 되는 처소격 조사 '에'가 실현된 (24 ㄴ)은 비문이 될 수밖에 없다.

(25) ㄱ. 한샘이가 기차를 탔다.

ㄴ. 한샘이가 기차에 탔다.

(25 ㄱ)은 한샘이가 기차에 올라타고 이동했다는 뜻과 한샘이가 이동을 위해 비행기나 버스가 아닌 기차를 이용했다는 해석이 되는 반면에 (25 ㄴ)은 한샘이가 기차 칸이라는 목적지에 올라갔다는 해석이 된다. 즉 (25 ㄱ)은 기차가 이동의 수단으로 다른 수단인 버스나 비행기와 대조되는 기차 전체를 의미하고 (25 ㄴ)은 이동의 수단으로 기차 전체를 지칭하는 것이 아니라 기차의 한 부분이나 단순한 하나의 장소를 의미한다.

이상과 같은 이동 동사 구문 뿐만 아니라 다음 (26)과 같은 문장에서도 이행성 표지 '을'과 '전체성'이라는 의미 특성과는 유기적 관계가 있음을 확인할 수 있다.

(26) ㄱ. 한샘이가 페인트를 벽에 칠했다.
ㄴ. 한샘이가 페인트로 벽을 칠했다.
ㄷ. 한샘이가 페인트로 벽을 다 칠했다.

(26 ㄱ)은 칠한 곳이 벽의 한 부분이란 해석이 되고 (26 ㄴ)은 칠한 곳이 벽 전체라는 의미를 지닌다. (26 ㄴ)의 전체성 의미는 (26 ㄷ)에서도 확인된다. (26 ㄷ)은 하나의 벽 전체를 모두 칠했다는 의미와 그리고 칠해야 할 벽이 여럿이 있는데 그것 모두 칠했다는 해석도 된다.

(27) ㄱ. 한샘이가 지은이를 6시에 만났다.
ㄴ. *한샘이가 지은이를 6시를 만났다.
ㄷ. 한샘이가 두 시간을 공부했다.
ㄹ. *한샘이가 두 시간에 공부했다.

(27 ㄱ, ㄷ)이 자연스런 문장이고 (27 ㄴ, ㄹ)이 비문인 까닭은 시간 명사 '6시'와 '두 시간'의 의미 특성 때문이다. 시간 명사 '6시'는 시간적 폭을 가지는 기간 시간 명사가 아니기 때문에 공간적 혹은 시간적으로 한 점이나 부분을 지칭하는 의미를 가진 조사 '에'가 실현된 구문은 (27 ㄱ)과 같이 자연스런 문장이 될 수 있고 공간적 혹은 시간적으로 전체성의 의미를 가진 이행성 표지 '을'이 실현된 (27 ㄴ)은 비문이 될 수밖에 없다.

반대로 기간 시간 명사 '두 시간'에 이행성 표지 '을'이 실현되면 (27 ㄷ)과 같이 자연스런 문장이 되고 (27 ㄹ)과 같이 조사 '에'가 실현되면 의미론적 모순 때문에 비문이 된다.

2.3.10. 목적어의 개별성(Individuation of object)

동사로 표현되는 행위의 영향을 입는 목적어의 속성이 개체적(proper)이고, 인간이나 유정성 명사이고 구체적이며 단수(singular)이고 지시적인 것인 경우는 그 반대의 경우보다 상대적으로 이행성이 더 높은 구문을 형성한다는 것이다.

(28) ㄱ. 한샘이가 그 개를 만났다.
ㄴ. 한샘이가 많은 물고기들을 보았다.

목적어가 개체적이고 유정성 명사이며, 단수이고 지시적 명사인 (28 ㄱ)은 목적어가 복수이고 비유정성 명사이며 비지시적인 (28 ㄴ)보다 동사로 표현된 행위의 영향이 더 효과적으로 목적어인 이행자 명사구에 미친다는 것이다.

그러나 목적어의 개별성도 그 문장의 이행성 정도의 높고 낮음에 영향을 미치는 것은 사실이나 이행성 표지 '을'의 실현 여부를 결정짓는 요인으로 작용한다고 보기는 어렵다.

우리는 지금까지 Hopper/Thompson(1980)이 제시한 이행성 변항 열 가지를 모두 검토하여 봤다.

실제 특정한 한 문장의 이행성 여부를 판별하는 객관적 기준으로 이 열 가지 변항을 모두 이용하기에는 부적절한 항목들이 있다. 예를 들면 국어의 경우 '상성(aspect), 순간성(punctuality), 긍정성(affirmation), 법성(mode), 목적어의 개별성(Individuation of object)' 항목은 의미론적으로 특정 문장의 이행성 정도의 높고 낮음에 연관되는 것은 사실이나 이행성 정도에 미치는 영향이 미미하여 이행성 표지 '을'의 실현과 직접적인 관계를 맺고 있다고 볼 수 없다. Hopper/Thompson(1980)의 열 가지 이행성 변항 가운데 국어 이행성 표지 '을'의 실현에 결정적인 영향을 미치는 항목은 첫째 서술어의 동작성 의미 특성과, 둘째 동사구(VP) 내의 부가항을 포함한 참여항 수, 셋째 서술어의 동작성과 연관되는 의도성, 넷째 주어로 선택된 참여항과 연관되는 행위성, 그리고 다섯째 목적어에 대한 영향성이다. 그러므로 우리는 앞으로 특정 문장의 이행성 여부를 따질 적에 주로 참여항 수와 서술어의 동작성, 행동주의 의도성, 행위성, 목적어에 대한 영향성의 항목을 주로 분석하게 될 것이다.

2.4. 한국어 조사 '을/를' 실현의 의미론적 조건

우리는 제1장 1.3.절과 제2장 2.2.절에서 이행성 개념과 Hopper/Thompson(1980)의 이행성 가설(Transitivity hypothesis)을 소개하면서 국어 조사 '을'이 이행성 표지라고 주장했다. 이 절의 목적은 이러한 우리의 주장을 확인하고 조사 '을'이 어떤 의미론적 제약 아래서 실현되는지 '을'실현의 의미론적 조건을 밝히는 것이다.

국어 조사 '을'의 기능에 대해서는 지금까지 크게 두 가지 이론이 있었다. 그 첫째가 '을'을 통사론적으로 순수 목적어 표지, 즉 대격 표지로 보는 것이고[7] 그 다음이 이를 인정하면서도 대격 할당 원리로 설명할 수 없는 '을'에 대해서는 의미론적 존재인 주제화 표지나 보조사로 보는 것이다.[8] 그러나 이 두 이론 모두 이미 선행 연구의 검토에서 언급한 대로 국어 조사 '을'의 실현 현상 모두를 포괄적으로 설명할 수 있는 이론은 아니다.

먼저 조사 '을'을 통사론적으로 구조격인 대격 표지로 보는 이론은 동사의 목적어가 아닌 성분에 실현되는 '을'을 설명할 수가 없다. 또 대격 표지로 볼 수 없는 '을'에 대해 모두 주제화 표지로 보는 임홍빈

---

7) 국어 조사 '을'을 Chomsky(1981)의 격할당 원리에 입각하여 구조격 표지, 즉 대격 표지로 보고 그 실현 원리를 제시한 선행 연구는 Yim(1984), Kang(1986), 임홍빈(1987), Han(1987), 이광호(1988)이다.

8) 대격 할당 원리로 설명할 수 없는 '을'에 대해 의미론적 존재인 주제화 표지와 보조사로 보는 연구는 임홍빈(1972, 1974, 1979, 1987), 이광호(1988), 송창선(2009)이다.

(1972, 1974, 1979, 1987), 이광호(1988)의 '을'주제화 이론은 '을'주제화의 의미 특성이 분명하지 않고 '을'자체에서 주제의 의미를 찾으려고 한 모순을 안고 있기 때문에 우리는 임홍빈, 이광호의 주제화 이론을 인정하지 않는다. 우리는 조사 '을'의 주된 기능을 문장의 이행성을 표시해 주는 이행성 표지로 보고 다음과 같이 '을'실현의 의미론적 조건을 제안한다.

(29) 한국어 조사 '을'은 이행성 문장에 실현된다.

(29)로 제시된 '을'실현의 의미론적 조건을 확인하기 위해 다음 예문을 보자.

(30) ㄱ. 나는 밥을 먹었다.
ㄴ. 나는 라면이 싫다.

본장 2.2.절에서 우리가 규정한 이행성 개념에 의하면 (30 ㄱ)은 서술어 '먹었다'로 표현된 '나'(행동주)의 행위의 영향이 목적어로 선택된 명사구 '밥'(이행자)에 미치고 있기 때문에 이행성 문장이 될 수 있지만 (30 ㄴ)은 서술어의 의미 특성으로 말미암아 이행성 문장이 될 수가 없다. (30 ㄴ)은 주어 명사구의 심적 상태를 기술한 구문이기 때문이다. (30 ㄱ)과 (30 ㄴ)의 이와 같은 의미론적 차이는 Hopper/Thompson(1980)의 이행성 변항으로 설명할 수 있다.

(30)의 두 문장은 비록 모두 두 개의 참여항을 가진 구문이고 주어 명사구가 유정성(animate) 명사로서 행위성(agency)을 가질 수 있

는 문장이지만 이행성 구문이 되기 위한 중요한 자질인 서술어의 의미 특성이 동작성이 아닌 상태성이기 때문에 (30 ㄴ)은 이행성 문장이 될 수가 없다. 그러므로 그 결과 (30 ㄱ)의 두 번째 명사구에는 이행성 표지 '을'이 실현된 반면에 (30 ㄴ)에는 조사 '이'가 실현된 것이다. 그런데 반대로 (30 ㄱ)의 두 번째 명사구에 조사 '이'가 실현되고 (30 ㄴ)에 조사 '을' 이 실현되면 다음과 같이 두 문장 모두 비문이 된다.

(31) ㄱ. *나는 밥이 먹었다.
ㄴ. *나는 라면을 싫다.

(31)의 문장들이 비문이 된 이유는 (31 ㄱ)은 이행성 문장으로 서술어로 표현된 행위의 영향을 입는 명사구에 이행성 표지 '을'이 실현되어야 하는데 조사 '이'가 실현되었기 때문이며 (31 ㄴ)은 이행성 문장이 아니므로 이행성 표지 '을'이 실현될 수 없음에도 불구하고 '을'이 실현되었기 때문이다. 또 다음 문장을 보자.

(32) ㄱ. 영이가 아름답다.
ㄴ. *영이를 아름답다.

(33) ㄱ. 한샘이가 왔다.
ㄴ. *한샘이를 왔다.

(31), (32)의 문장들은 형용사, 자동사 구문으로 참여항이 오직 하나뿐이고 부가항조차 없는 [주어+서술어] 문장이기 때문에

Hopper/Thompson(1980)의 이행성 변항에 따르면 이행성 문장이 될 수 없다. 그러므로 이행성이 없는 문장에 조사 '을'이 실현된 (32 ㄴ), (33 ㄴ)은 비문이 될 수밖에 없다. 또 다음 문장을 보자.

(34) ㄱ. 서문시장이 물건이 값이 싸다.
ㄴ. 철수가 영이를 손을 잡았다.

(34)의 두 문장은 다같이 참여항이 세 개인 문장이지만 (34 ㄱ)은 서술어가 상태성 동사이고 주어 명사구가 비유정성 명사로서 이행성 문장이 될 수 없기 때문에 세 개의 명사구 어디에도 이행성 표지 '을'이 실현될 수 없는 반면에 (34 ㄴ)은 서술어가 동작성을 지닌 동사이고 주어 명사구가 유정성 명사로서 이행성 문장이 될 수 있기 때문에 주어 명사구를 제외한 나머지 두 개의 명사구에 이행성 표지 '을'이 실현된 것이다.

우리는 (29)와 같이 제안한 국어 조사 '을'실현의 의미론적 조건이 타당한 것임을 입증하기 위하여 본 논문 3장과 4장에서 '을'이 실현된 문장을 유형별로 나누어 구체적으로 분석하게 된다.

2.5. 한국어 조사 '을/를' 실현의 통사론적 조건

최현배(1937)를 비롯한 Kang(1986), 김영희(1988)등 대부분의 국어학자들은 조사 '을'이 목적어를 표시하는 대격 표지라는 것을 인정하고 있다. 이와 같은 견해는 통사론적으로는 상당한 설득력을 가진 것으로 해석할 수 있는데 단적인 예가 타동사 구문의 '을'실현 현상은 거의 문제점이 없이 대부분 설명할 수 있기 때문이다.

그러나 이미 여러 번 지적한 바와 같이 이와 같은 주장은 타동사 구문이 아닌 문장에 실현된 '을'을 설명할 수가 없고 비록 타동사 구문이라 할지라도 목적어 명사구로 볼 수 없는 성분에 실현된 '을'은 설명하기가 곤란하다. 그러나 분명한 것은 '을'이 실현되는 성분은 반드시 동사구 구성 성분이라는 것이다. 그러므로 우리는 다음과 같이 '을'실현의 통사론적 조건을 제안한다.

(35) 국어 조사 '을'은 동사의 자매항[9](sisters)이나 동사구(V')의 자매항에 실현된다.

---

9) 자매항(sisters)이란 용어는 Kang(1986)에서 따온 말로 특정 구문의 어떤 성분 α와 β가 모두 상대방을 관할(dominate)하지 않고 α의 최초 분지 절점(first branching node)이 β를 직접 관할하면 α와 β는 서로 자매 관계가 성립되고 이때 α에 대해 β를 혹은 β에 대해 α를 자매항(sisters)이라 부른다.

다음 나무 그림을 보자.

S(Kang (1986 : 40))

/ \

NP_1 VP

| / \

죤 NP_2 V

| |

뉴욕 다녀왔다

위 나무 그림에서 NP_2 즉 '뉴욕'은 V(다녀왔다)의 자매항이고 NP_1, 즉 '죤'은 VP의 자매항이다.

(35)로 기술된 '을'실현의 통사론적 조건을 검증하기 위해 다음 문장을 보자.

(36) ㄱ. 동길이가 사과를 먹었다.
ㄴ. 한샘이가 공을 찼다.

(36)의 문장들은 전형적인 타동사 구문으로 Hopper/ Thompson (1980)의 열 가지 이행성 변항 가운데 국어의 이행성 문장을 판별하는 기준으로 채택한 다섯 가지 자질, 즉 서술어의 동작성, 참여항 수, 서술어로 표현된 행위의 의도성, 주어 명사구의 유정성, 목적어로 선택된 명사구의 영향입음 정도 등을 검증해 볼 때 분명한 이행성 구문이다. 그러므로 '을'실현의 의미적 조건을 충족시키고 있는 문장이다.

그렇다면 우리가 (35)로 제안한 '을'실현의 통사적 조건을 충족시키고 있는지를 검증해 보자. (36)의 두 문장의 통사 구조는 나무 그림 (37)과 같이 표시할 수 있다.10)

(37)
```
               S
             /   \
           NP     VP
           |     /  \
      동길이가  NP     V
                |     |
             사과를  먹었다
```

10) (36 ㄱ)의 통사 구조를 (37)과 같이 설정하는 통사론적 근거에 대해서는 본 논문 3.2.절 참조.

(37)을 보면 동사(V) '먹었다'의 자매항 명사구(NP) '사과'에 '을'이 실현되었으므로 우리가 제안한 '을'실현의 통사적 조건 (35)를 충족시키고 있다. 또 다음 문장을 보자.

(38) ㄱ. 영이가 집에를 왔다.
ㄴ. 순이가 학교에를 갔다.

(38)의 문장들은 이동 동사(locomotive verb) 구문으로 비록 참여항이 하나인 문장이나 부가항인 부사어가 있는 문장이고 서술어가 동작성 동사이며 주어 명사구가 유정성 명사로서 동사로 표현된 행위가 의도성 행위로 볼 수 있고 주어 명사구의 이동 행위가 처소 부사구에 영향을 미치기 때문에 이행성 문장이다. 그러므로 '을'실현의 의미적 조건을 충족시키고 있음이 확인된다.

(38)의 문장들의 통사 구조는 (39)와 같은 나무 그림으로 표시할 수 있다.[11)]

11) (38 ㄱ)의 통사 구조를 (39)와 같이 상정하는 통사론적 근거에 대해서는 본 논문 3.4.절 참조.

```
(39)            S
             /      \
          NP          VP
          |         /    \
      영이가     NP          V
              [ADV]         |
                |           |
              집에를       왔다
```

'을'이 실현된 명사구(NP) '집에'가 동사 '왔다'의 자매항이므로 (39)의 문장들은 '을'실현의 통사적 조건 (35)를 충족시키고 있다.

또 다음 문장을 보자.

(40) ㄱ. 소년이 책상을 다리를 고쳤다.
ㄴ. 아들이 엄마를 손을 잡았다.

(40)의 문장들은 이른바 겹목적어 구문으로 참여항 명사구가 세 개이고 서술어가 동작성 동사들이며 주어 명사구가 유정성 명사이고 동사로 표현된 행위가 주어 명사구의 의도성 행위로 해석될 수 있으며 서술어로 표현된 행위의 영향이 '을'이 실현된 두 명사구에 전체적으로 미치고 있으므로 이행성 문장이 분명하다. 그러므로 '을'실현의 의미적 조건을 충족시키고 있다.

그럼 (40)의 통사 구조를 보자. (40)의 문장들의 통사 구조는 다음

(41)과 같은 나무 그림으로 표시할 수 있다.[12]

(41)

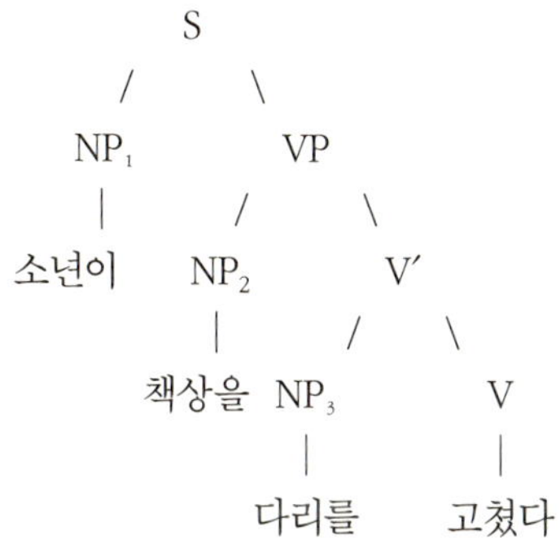

(41)의 나무 그림을 보면 동사 '고쳤다'의 자매항 명사구(NP_3) '다리'에 '을'이 실현되었고 동사구(V′)의 자매항 명사구(NP_2) '책상'에 '을'이 실현되었으므로 '을'실현의 통사적 조건 (35)를 (40)의 문장들은 모두 충족시키고 있음이 확인된다.

지금까지 살펴본 바대로 국어 조사 '을'은 반드시 동사(V)나 동사구(V′)의 자매항 즉 동사구 구성 성분에만 실현됨이 확인되었다.

그런데 여기서 '을'실현의 통사론적 조건과 관련하여 분명히 밝히고 넘어가야 할 것 중의 하나는 조사 '을'이 동사(V)와 동사구(V′)의 자매항에 실현된다는 우리의 주장에 대해 다음과 같은 문제를 제기할 수 있다는 것이다. 먼저 다음 예문을 보자.

---

12) (40ㄱ)의 통사 구조를 (41)과 같이 설정하는 통사론 근거에 대해서는 본 논문 4.2.절 참조.

(42) ㄱ. 철수가 밥을 먹었다.
ㄴ. 철수가 학교를 갔다.

(43) ㄱ. 철수가 밥 먹었다.
ㄴ. 철수가 학교 갔다.

(42)의 '을'은 동사의 자매항에 실현된 것인데 (43)과 같이 생략이 되어도 온전한 문장이 된다는 의문이다. 이에 대한 우리의 대답은 (42)와 같이 '을'이 실현된 성분이 특히 논항 명사구가 동사와 인접할 때는 (43)과 같이 쉽게 생략이 될 수 있다는 것이다.[13] 동사와 인접한 논항 명사구에 실현된 '을'은 다음 (44)의 예문에서도 확인할 수 있는 바와 같이 쉽게 생략이 될 수 있다.

(44) ㄱ. 언니가 그 책(을) 읽는다.
ㄴ. 형이 이 회사(를) 다닌다.
ㄷ. 아버지께서 자동차를 동생(을) 주었다.
ㄹ. 철수가 영이를 손(을) 잡았다.
ㅁ. 아이가 집(을) 나갔다.

지금까지 '을'이 실현되는 몇 가지 유형의 문장을 분석하면서 (35)

13) 조사 '을'의 생략을 김영희(1991)에서는 무표격(unmarked Case)의 실현으로 보고 있다. 조사 '을'의 생략과 무표격에 대해서는 김승렬(1988), 민현식(1982), 이남순(1988), 김영희(1991) 참조.

로 기술된 '을'실현의 통사론적 조건이 타당성을 가지는지 검증하여 보았다. 우리는 제3장과 제4장에서 '을'이 실현되는 유형별 구체적인 문장을 자세히 분석함으로써 우리가 제안한 (35)의 '을'실현의 통사론적 조건이 타당한 것임을 입증하게 될 것이다.

2.6. 요약

우리는 제2장에서 국어 조사 '을'이 이행성 표지라는 것을 입증하기 위해 하나의 문장이 가지는 총체적 특성인 이행성 개념을 국어의 현실에 맞게 다시 정립하고 그러한 이행성을 하나의 문장이 가지도록 하는 Hopper/Thompson(1980)의 이행성 변항(Parameters of transitivity) 열 가지를 국어에 적용하여 자세히 검토하였다. 그 결과 Hopper/Thompson(1980)의 열 가지 이행성 변항가운데 첫째 서술어의 동작성, 둘째 참여항 수, 셋째 행동주의 의도성, 넷째 행동주 명사구의 유정성(animate)과 관련되는 행위성, 다섯째 목적어에 대한 영향성은 '을'의 실현 여부와 직접적인 연관이 있음을 밝혔다.

그리고 하나의 문장이 가지는 통사, 의미론적 특성인 이행성이 '을'의 실현에 있어서 의미론적 조건이 됨을 입증하였다.

또 '을'은 이행성 문장의 동사(V)와 동사구(V')의 자매항에 실현됨도 함께 증명하였다.

제2장에서 우리가 규정한 이행성 개념과 '을'실현의 의미론적 조건

과 통사론적 조건은 다음과 같다.

- ㅁ 이행성 개념 : 어떤 문장에서 서술어로 표현된 행위나 상태의 영향이 그 문장의 참여항(participants)이나 부가항(adjuncts)에 미치고 있음을 가리키는 통사, 의미론적 관계다.
- ㅁ 한국어 조사 '을' 실현의 의미론적 조건 : '을'은 이행성 문장에 실현된다.
- ㅁ 한국어 조사 '을' 실현의 통사론적 조건 : '을'은 동사(V)의 자매항이나 동사구(V′)의 자매항에 실현된다

3

CHAPTER

한국어 조사 '을/를'의 통사·의미론적 연구

제3장

한국어 조사 '을/를' 한번 실현 구문

제3장

한국어 조사 '을/를' 한번 실현 구문

3.1. 들어가기

이 장에서는 한국어 이행성 표지 '을'이 실현되는 성분이 오직 하나만 나타나는 문장을 여섯 가지 유형으로 나누어 분석하게 된다.

그 여섯 가지 유형은 첫째 전형적인 타동사 구문과 둘째 '가다', '오다' 등과 같은 이동 동사 구문 가운데 '을'실현 명사가 동작성을 지닌 목적성 목적어 구문(purposive object constructions), 셋째 처소격 조사 '에'가 실현된 명사구에 다시 '을'이 실현되는 처소 명사구 구문, 넷째 빈도, 기간, 또는 거리를 한정해 주는 명사구 부사어, 즉 문장 셈숱말에 '을'이 실현되는 문장 셈숱화 구문, 다섯째 동사를 꾸미는 양태 부사에 '을'이 실현되는 성분 부사 구문, 여섯째 이른바 보문자 '아/어, 게, 지, 고'에 '을'이 실현되는 보문자 구문 등이다.

우리는 이상의 여섯 가지 유형의 구문이 우리가 2.2.절에서 규정한 이행성 개념에 따라 모두 이행성 문장임을 밝히게 되는데 이때 그 문장이 이행성 문장임을 확인하는 근거로 2.3.절에서 소개한 Hopper/Thompson(1980)의 이행성 변항을 이용하게 된다. 그리고 위의 여섯 가지 유형의 문장에 실현된 '을'이 모두 2.5.절에서 제안한 '을'실현의 통사적 조건을 충족시키고 있음을 보이게 될 것이다. 그리고 각 절마다 필요에 따라 선행 연구들을 구체적으로 함께 검토하게 된다.

3.2. 타동사 구문

전통적으로 대부분의 국어학자들은 국어 조사 '을'을 목적어를 표시하는 대격 표지로 인식하여 왔다. 이와 같은 견해는 Chomsky(1981)의 지배와 결속이론의 격이론 가운데 목적격 할당 원리로도 충분히 설명될 수 있다.

먼저 Chomsky(1981 : 170)의 격할당의 근본 속성 가운데 목적격 할당 원리는 다음과 같다.

(1) Chomsky의 목적격 할당 원리 : 명사구(NP)가 하위 범주

화 자질 '_NP'를 가진 동사(즉 타동사)에 지배되면 목적격 (objective)이다.

(1)과 같은 Chomsky의 목적격 할당 원리는 거의 그대로 Yim(1984 : 53), Han(1987 : 45)에서 받아들여졌고 임홍빈(1987 : 32)과 이광호(1988 : 38), 송창선(2009)에서도 "동사(V)에 지배를 받는 NP에 [+objective]의 격자질을 배당한다."고 함으로써 원칙적으로 Chomsky의 격할당 원리를 수용하고 있다.

Kang(1986 : 50)의 근본적인 배경은 Chomsky의 지배와 결속이론의 틀을 벗어나지는 않았으나 여타 이론들과는 달리 동사의 의미 속성을 고려하여 다음과 같이 국어의 대격 할당 원리를 제시했다.

(2) Kang(1986 : 50)의 대격 할당 원리 : 비상태성 동사([-stative] V°)의 자매항인 명사구에 대격([+ACC])이 할당된다.

Chomsky의 목적격 할당 원리 (1)이나 Kang의 대격 할당 원리 (2)는 국어 타동사 구문에서는 '을'실현 현상을 크게 문제됨이 없이 모두 설명할 수 있다.

그러나 제1장 선행 연구의 검토에서 우리가 지적한 바와 같이 Chomsky의 목적격 할당 원리 (1)은 타동사 구문이 아닌 구문에 실현된 '을'이나 명사구(NP)가 아닌 성분에 실현된 '을', 그리고 한 문장(clause) 안에 거듭 실현된 '을'에 대해서는 설명적 충족성을 만족시킬 수가 없다. 또 Kang의 대격 할당 원리 (2)도 명사구가 아닌 성분에 실현된 '을'을 합리적으로 설명할 수가 없다. Maling(1989)과

Kim(1990)의 지적처럼 Kang의 '비상태성 동사'라 함은 '-고 있다' 진행형이 성립될 수 있는 서술어를 가리키는 것인데 국어의 '지다', '되다' 수동태 구문은 진행형이 허용됨에도 대격 표지 '을'이 전혀 실현될 수가 없기 때문에 Kang(1986)의 대격 할당 원리는 국어 '을'실현 현상을 모두 설명할 수가 없다.

어쨌든 다음과 같은 타동사 구문들은 Chomsky의 격할당 원리 (1)이나 Kang의 대격 할당 원리 (2)로도 충분히 '을'의 출현 현상을 설명할 수 있다.

(3) ㄱ. 학생들이 책을 읽었다.
ㄴ. 아이가 매미를 잡았다.
ㄷ. 지성이가 공을 찼다.
ㄹ. 지은이가 꽃을 꺾었다.

(3 ㄱ~ㄹ)은 전형적인 타동사 구문들로서 (3 ㄱ)의 통사 구조는 나무 그림 (4)와 같이 표시할 수 있다.

```
(4)              S
             /       \
          NP          VP
          |         /     \
    학생들이   NP           V
               |           |
             책을        읽었다
```

(3 ㄱ)의 통사 구조를 (4)와 같이 상정하는 것은 국어 통사론에

있어서 보편적인 사실로 받아들여지고 있는데 이를 뒷받침하는 통사 현상으로는 접속문 구성에서 동사구(VP) 성분들이 조응 대동사(anaphoric proverb) '그리하다'로 대치가 가능하다는 사실이다.

국어에 있어서 접속문 구성을 할 때 선행 접속절과 후행 접속절에 동일한 목적어와 서술어가 나타나고 주어가 다른 경우 후행 접속절의 목적어와 서술어는 대동사 '그리하다'로 대치가 가능하다. 다음 (5)를 보자.

(5) ㄱ. 학생들이 책을 읽었고 어른들도 그리했다(책을 읽었다).
ㄴ. 아이가 매미를 잡았고 어른도 그리했다(매미를 잡았다).
ㄷ. 지성이가 공을 찼고 지은이도 그리했다(공을 찼다).
ㄹ. 지은이가 꽃을 꺾었고 영이도 그리했다(꽃을 꺾었다).

(3)의 각 문장에서 주어 명사구를 제외한 나머지 성분들은 (5)와 같이 접속문 구성을 할 때 후행절에서는 대동사 '그리하다'로 대치가 될 수 있다. 이러한 대용화 현상은 곧 (3)의 주어 명사구를 제외한 나머지 성분들이 하나의 동사구를 구성하고 있다는 증거가 될 수 있기 때문에 (3)의 각 문장들은 (4)와 같은 나무 그림의 통사 구조를 가진다고 보아야 한다.

그럼 이제 '을'실현 문제로 돌아가자. Chomsky의 목적격 할당 원리 (1)에 따라 (4)는 타동사 '읽었다'의 지배(government)를 받는 명사구 '책'에 목적격이 할당되고 대격 표지 '을'이 목적격 명사구에 실현이 되었다. 또 Kang의 대격 할당 원리 (2)에 의거 '-고 있다' 진행형이 성립하는 비상태성 동사 '읽었다'의 자매항 명사구인 '책'에 대격 표지

'을'이 할당되었다고 볼 수 있다. 그러므로 (3)의 문장들은 Chomsky의 목적격 할당 원리 (1)과 Kang의 대격 할당 원리 (2)로도 '을'의 실현 현상을 설명할 수 있음을 알 수 있다.

그럼 우리가 제2장에서 제시한 한국어 조사 '을'의 실현 조건들을 (3 ㄱ~ㄹ)의 문장들이 충족시키고 있는지를 검토해 보기로 하자. 먼저 우리는 (3 ㄱ~ㄹ)의 각 문장이 Hopper/Thompson(1980)의 이행성 변항에 따라 이행성 문장임을 확인해야 한다. 왜냐하면 우리의 논리로는 '을'은 반드시 이행성 문장에만 실현되는 이행성 표지이기 때문이다.

첫째 (3 ㄱ~ㄹ)은 참여항 수가 모두 2개이고, 둘째 또 서술어가 모두 동작성 동사이며, 셋째 동사로 표현된 행위가 주어로 선택된 행동주의 의도적 행위로 볼 수 있으며, 넷째 주어 명사구가 유정성 명사로 잠재 행위성이 높은 구문이다. 다섯째 특히 (3)은 동사로 표현된 행위의 영향을 목적어가 전체적으로 받고 있다.

이상과 같이 Hopper/Thompson(1980)의 이행성 변항에 의거 (3 ㄱ~ㄹ)을 분석한 결과 (3)은 모두 이행성 문장임이 밝혀졌다. 그리고 (3 ㄱ~ㄹ)의 통사 구조가 모두 (4)와 같다고 볼 때 동사 '읽었다'의 자매항 명사구 '책'에 조사 '을'이 실현되었으므로 '을'실현의 통사론적 조건을 충족시키고 있다.

그러므로 (3)은 모두 이행성 문장이며 (3)에 실현된 '을' 또한 의미층위 상의 이행성을 표시해 주는 이행성 표지이고 통사론적으로는 대격 표지 기능도 겸하고 있다고 볼 수 있다.

3.3. 목적성 목적어 구문

목적성 목적어(purposive object) 구문[1]이라 함은 '가다', '오다', '다니다' 등과 같은 이동 동사(locomotive verb)로 구성되는 문장가운데 '을'실현 명사구가 '동작성'을 고유의미로 지니는 다음 (6)과 같은 구문을 가리킨다.

(6) ㄱ. 막내가 구경을 갔다.(김영희(1988 : 108))
ㄴ. 영수는 사냥을 다닌다
ㄷ. 의사가 진료를 왔다.(김영희(1988 : 108))
ㄹ. 기술자가 수리를 왔다.

(6)과 같은 목적성 목적어 구문의 특징은 첫째 서술어로 쓰인 '가다', '오다' 등과 같은 이동 동사들이 본디 자동사이지만 (6)에서와 같이 '을'실현 명사구를 취하고 있는 까닭에 타동사로도 간주된다는 것[2]과 둘째 '을'이 실현된 명사구들이 어휘 의미상 '동작성'을 지니고 있으며 통사 의미상 이동 동사로 표현되는 행위에 동시적으로 혹은 뒤따라 일어날 수 있는 후속 행위를 표현하고 있다는 점이다.

---

1) '목적성 목적어(purposive object)구문'이란 용어는 김영희(1988 : 100)에서 따온 것임을 밝힌다.

2) 이동 동사의 이와 같은 특성에 대해서는 김영희(1988 : 108)에서도 지적하고 있고 신기철, 신용철(1981)의 「우리말 큰 사전」에서는 이들 동사를 어휘에 따라서는 타동사로 처리하고 있다.

그런데 문제는 (6)과 같은 목적성 목적어 구문의 동작성 명사에 실현된 '을'을 통사, 의미론적으로 어떻게 설명하느냐 하는 것이다. 이를 위해서 우리는 먼저 목적성 목적어 구문의 통사 구조를 분석하기로 한다.

일반적으로 '가다', '오다' 등과 같은 이동 동사들은 두 자리 서술어로 쓰일 때는 그 어휘 특성상 다음 (7)과 같이 처소 명사구를 보어(complements)로 취한다.

(7) ㄱ. 막내가 극장(에)를 갔다.
ㄴ. 영수가 산(에)를 다닌다.
ㄷ. 의사가 환자집(에)를 왔다.
ㄹ. 기술자가 우리 공장(에)를 왔다.

그러나 (6)의 '을'실현 명사들은 어휘 의미적으로 처소어로 볼 수도 없을 뿐만 아니라 그 명사들에 처소격 조사 '에'가 실현되면 다음 (8)과 같이 모두 비문법적인 문장이 되므로 처소어 명사로 볼 수가 없다.

(8) ㄱ. *막내가 구경에 갔다.
ㄴ.. *영수가 사냥에 다닌다.
ㄷ. *의사가 진료에 왔다.
ㄹ. *기술자가 수리에 왔다.

김영희(1988 : 120)에서는 (6)과 같은 목적성 목적어 구문의 기저적 구문을 다음 (9)와 같은 '하러' 보문을 내포한 복합문으로 파악하고 있다.

(9) ㄱ. 막내가 구경을 하러 갔다.
ㄴ. 영수가 사냥을 하러 다닌다.
ㄷ. 의사가 진료를 하러 왔다.
ㄹ. 기술자가 수리를 하러 왔다.

김영희(1988 : 121~131)에 의하면 (6)과 같은 목적성 목적어 구문의 기저적 구문을 (9)와 같이 가정하는 통사론적 근거는 첫째 두 구문의 주서술어가 의미나 형태상으로 동일한 부류의 이동 동사라는 점, 즉 주서술어의 선택 제약에 있어서 두 구문은 완전히 일치한다는 것과 둘째 목적성 목적어 명사가 '하다' 동사의 목적어로 쓰이거나 '하다'와 더불어 복합 동사를 구성할 수 있는 명사들이라는 것이다. 셋째 '하러' 구문에서의 주절과 종속절에는 동일 주어 제약이 있으며 넷째 관계문 되기나 문쪼개기(sentence clefting)에 있어서 두 구문이 통사론적 공통성을 가진다는 것이다.

그리고 (9)와 같은 기저구문에서 통달가치(communicative value)가 희박한 포괄 동사(generic verb) '하-'가 탈락되고 보문자(complementizer) '러'가 탈락됨으로써 표면상 (6)과 같은 목적성 목적어 구문을 구성하게 된다는 것이다. 우리는 김영희(1988 : 108~132)의 논의가 모두 합리적인 것으로 보고 (6)과 같은 목적성 목적어 구문의 기저적 구문을 (9)와 같이 가정한다. (9)와 같은 '하러' 구문들의 통사 구조는 다음 (10)과 같은 나무 그림으로 표시할 수 있다.

(10)
```
              S
           /     \
         NP        VP
         |       /    \
      막내가    S′       V
         i     / \       |
              S   COMP 갔다
            /  \     |
         NP    VP   러
         |    /  \
      막내가  NP   V
         i    |    |
            구경을 하-
```

이제 (10)과 같은 통사 구조를 가진 '하러' 구문의 동작성 명사에 실현된 '을'이 우리가 제2장에서 제안한 '을'실현의 의미론적 조건과 통사론적 조건을 충족시키고 있는지를 검증해 보자. 먼저 '을'이 실현된 동작성 명사구는 내포된 보문의 목적어 성분이므로 보문 자체가 '을'실현의 의미적 조건인 이행성 문장인지를 확인해 보아야 한다. 첫째 (10)의 보문은 서술어가 '하다' 동사로 동작성 동사이고 둘째 참여항이 동일 명사구 지우기(Equi-NP deletion)에 의해 삭제된 주어 명사구와 '을'이 실현된 동작성 명사구로 모두 두 개이고 셋째 유정성 주어 명사의 동사로 표현된 행위가 의도성 행위로 해석할 수 있으며 넷째 '을'이 실현된 동작성 명사가 서술어로 표현된 행위의 영향을 전체적으로 받고 있기 때문에 내포된 보문이 이행성 문장임이 확인된다. 그러므로 '을'실현의 의미적 조건을 충족시키고 있다.

그리고 (10)의 통사 구조를 통해서 알 수 있는 바와 같이 '을'이 실현된 목적어 명사구가 '하다' 동사의 자매항이므로 '을'실현의 통사적 조건도 충족시키고 있음이 확인된다.[3)]

그런데 (6)과 같은 목적성 목적어 구문을 이상과 같이 변형론적 관점에서 처리하지 아니하고 어휘 기능 문법적(Lexical-functional grammar) 입장에서 이동 동사 '가다', '오다', '다니다'가 어휘적으로 동작성 명사를 목적어로 취할 수 있는 것으로 볼 수도 있다. 그러나 (6)과 같은 목적성 목적어 구문을 변형론적 입장에서 처리하든 어휘 기능 문법적 입장에서 처리하든 간에 (6)의 동작성 명사에 실현된 '을'을 이행성 표지로 설명하는 우리의 해석에는 아무런 문제점이 없다.

3.4. 처소 명사구 구문

조사 '을'이 실현된 명사구 가운데 동사의 목적어로 볼 수 없는 것 중의 하나가 바로 처소격 조사 '에'에 '을'이 통합, 실현된 부사어 명사구다. 조사 '을'을 문법적으로 목적어를 표시하는 대격 표지로 여겨왔던 많은 이들에게 이와 같은 '을'의 출현은 어떤 통사론적 이론으로도 설명할 수 없는 어려운 문제 중의 하나였다.

최현배(1967 : 620)에 따르면 곳 자리토씨(처소격 조사)는 닿는데

---

3) (9)의 문장에서 내포된 '하다' 구문의 통사적 특성과 '을'실현 현상에 대해서는 본 논문 제4장 4.5.절 참조.

(도착점)를 나타내는 '에'와 '에게', '한테'가 있으며 떠난 데(출발점)를 나타내는 '에서', '에게서', '한테서' 등이 있는데 우리는 본 절에서 이 중 '에'와 '에서'만을 다루기로 한다.

다음 문장을 보자.

(11) ㄱ. 지은이가 대구에 왔다.
ㄴ. 지은이가 대구에를 왔다.
ㄷ. 지은이가 대구를 왔다.
ㄹ. 지은이가 대구 왔다.

(12) ㄱ. 한샘이가 교회(학교)에 갔다.
ㄴ. 한샘이가 교회(학교)에를 갔다.
ㄷ. 한샘이가 교회(학교)를 갔다.
ㄹ. 한샘이가 교회(학교) 갔다.

(13) ㄱ. 영이가 시장에 다녀왔다.
ㄴ. 영이가 시장에를 다녀왔다.
ㄷ. 영이가 시장을 다녀왔다.
ㄹ. 영이가 시장 다녀왔다.

(14) ㄱ. 철수가 대구에서 떠났다(나갔다, 출발했다).

ㄴ. *철수가 대구에서를 떠났다(나갔다, 출발했다).[4]

ㄷ. 철수가 대구를 떠났다(나갔다, 출발했다).

ㄹ. 철수가 대구 떠났다(나갔다, 출발했다).

(11)~(14)의 문장들은 모두 서술어가 어휘적으로 장소의 이동을 가리키는 이동 동사 구문으로 (11~13)(ㄱ)은 처소 명사에 조사 '에'가, (14 ㄱ)은 '에서'가 각각 실현된 구문이고 (11~13)(ㄴ)은 (ㄱ)의 처소 명사구에 조사 '을'이 통합,실현된 것이며, (11~13)(ㄷ)은 (ㄴ)의 처소격 조사 '에'가 생략된 구문으로 볼 수 있고, (11~14)(ㄹ)은 처소 명사에 형태적으로는 어떤 조사도 실현되지 않은 구문이다. 이제 우리는 (11-14)의 처소 명사구에 실현된 '을'에 대한 선행 연구들을 먼저 검토하기로 한다.

대격 표지로 볼 수 없는 처소 명사구에 실현된 '을'에 대한 기존의 논의는 두 가지다. 하나는 Kang(1991)은 비록 목적어 명사구는 아니지만 (11~13)(ㄴ, ㄷ), (14 ㄷ)과 같은 부사어에 실현된 '을'도 자신의 대격 할당 원리 (Kang(1986 : 7, 50))로 잘 설명할 수 있다는 것이 Kang(1991)의 주장이고 또 다른 하나는 임홍빈(1972~1987), 이광호(1988)의 '을'주제화 이론, 우형식(1996)의 목적어 표시기능에 유추되는 부차성분, 송창선(2009)의 보조사 주장이 그것이다.

---

4) 김영희(1974)에 따르면 '에서'는 단일 형태소(a morpheme)가 아니라 두 형태소의 통합으로 처소 어미 형태소 '에'에다 '있다'의 의미를 가진 독립 형태소(particale) '-서'가 통합된 것이다. 즉 '에서'는 '에 있다'에 기원하는데 '-서'는 '있다'의 변형이다. 그러므로 처소격 조사 '에서' 뒤에 '을'이 통합, 실현될 수 없음은 이와 같은 사실에 기인한 것으로 생각된다.

Kang(1991 : 296)은 (11~13)(ㄴ, ㄷ), (14 ㄷ)과 같은 부사어 명사구에 실현되는 '을'도 비상태성 동사([-stative]V°)의 자매항 명사구에 대격 표지가 할당된다는 자신의 대격 할당 원리로 설명될 수 있다고 주장하고 있으나 이미 목적어가 아닌 성분에 실현된 '을'을 대격 표지로 보는 것 자체가 문제이고 또 대격 표지 할당 원리로 설명하는 것도 문제일 수밖에 없다.

다음으로 임홍빈(1972~1987), 이광호(1988)의 '을'주제화 이론을 살펴보자. 이광호(1988)에 따르면 처소 명사구 구문과 관련된 '을'주제화 내용은 다음과 같이 요약될 수 있다.

(15) ㄱ. 대격을 배당받을 수 없는 명사구 및 기타의 성분에 실현된 '을'성분은 '을'주제화다.(이광호 (1988 : 55))

ㄴ. 이동 동사 구문에 실현되는 처소 명사구는 성분 주제로서 '을'주제화된다.(임홍빈 (1987 : 21), 이광호 (1988 : 240))

ㄷ. '을'주제화된 처소 명사구의 의미는 비대조적 대립과 언급 대상성(aboutness), 그리고 특정성(specifity)의 의미 특성을 갖는다.(이광호(1988 : 245))

ㄹ. '이/가'주제화가 정적 세계 파악 및 진술과 관계가 있으나 '을/를'주제화는 이와 반대로 동적 세계 파악 및 그 진술과 깊은 관계가 있다.(임홍빈 (1972 : 89-00))

ㅁ. 왕래 발착의 의미를 가진 자동사와 그 외의 몇몇 자동사 구문의 처소 명사구는 '을'주제화에 따라 '을'성분의 명사구로 나타난다.(이광호(1988 : 245))

ㅂ. '도착하다'류의 자동사 및 그 외의 몇몇 자동사는 도착할 처소 명사구의 '에'만을, '출발하다'류의 자동사는 출발할 처소 명사구의 '에서'만을 '을'주제화한다.(이광호 (1008 : 245))

이광호(1988)의 (15 ㄱ)은 '을'실현 성분 가운데 동사의 목적어, 즉 대격 표지가 실현된 것으로 볼 수 없는 성분을 '을'주제화로 이름한다는 내용이고, (15 ㄴ)은 이동 동사 구문의 '을'실현 처소 명사구는 성분 주제로서 '을'주제화라는 것이고, (15 ㄷ)은 '을'주제화의 의미 특성을 말한 것이다. (15 ㅁ, ㅂ)은 이동 동사 구문의 처소 명사구의 '을'주제화를 설명한 것으로 특히 (15 ㅁ)은 이동 동사 구문의 처소 명사구는 '을'주제화에 따라 처소격 조사 '에'나 '에서'가 삭제(생략)되어 (11~14)(ㄷ)과 같이 '을'성분의 명사구로 나타날 수 있음을 설명하고 있다.

(15 ㅂ)은 왕래발착의 의미를 가진 이동 동사 구문의 모든 처소 명사구가 다 '을'주제화가 되지 않음을 설명하고 있다. 이제 이광호(1988 : 236~239)의 예문을 보자.

(16) ㄱ. 존이 뉴욕에 다녀왔다.
ㄴ. 존이 뉴욕에를 다녀왔다.
ㄷ. 존이 뉴욕을 다녀왔다.

(17) ㄱ. [$_S$ 존이 [$_{vp}$ [$_{NP}$ [$_{NP}$ 뉴욕] [$_K$ 에]] [$_v$ 다녀오다]]]
ㄴ. [$_S$ 존이 [$_{vp}$ [$_{NP}$ [$_{TOP}$ e] [$_{NP}$[$_{NP}$ 뉴욕] [$_k$ 에]]] [$_v$ 다녀오다]]]

ㄷ. $[_S$ 존이 $[_{VP}$ $[_{NP}$ $[_{TOP}$ 뉴욕(에)를$_i$] $[_{NP}$ e$_i$]] $[_V$ 다녀오다]]]

이동 동사 구문 (16 ㄱ)은 성분 주제로서의 '을'주제화에 따라 (16 ㄴ)이 생성되고 여기에서 처소격 조사 '에'를 삭제함으로써 (16 ㄷ)이 생성된다는 것이다. 처소격 조사 '에'는 선행 명사구 자체가 장소의 명칭([+ place name])인 경우에 삭제(생략)될 수 있다고 한다.

또 (16 ㄱ)의 동사 '다녀오다'는 필수적으로 행동주역(θ^A)과 처소역(θ^L)을 가지는데 그에 따라 처소역 명사구에 구체적인 어휘격 '에'가 실현되어 (17 ㄱ)의 구조가 생성되고 이동 동사는 처소역의 명사구에 '을'주제화를 성분 주제로 갖기 때문에 그 '을'주제 교점을 (17 ㄱ)에 상정하면 (17 ㄴ)의 구조를 갖게 된다는 것이다.

(18)

```
ㄱ.          S                          ㄴ.          S
           /   \                                   /   \
       NP         VP                           NP         VP
       |         /  \                          |         /  \
      존이     NP      V                       존이      NP      V
             [+θL]    |                              [+θL]    |
              / \     |                               / \     |
        TOP      NP  다녀왔다                    TOP      NP 다녀왔다
         |     [+θL]                             |     [+θL]
         |      / \                              |       |
        NP   NP     K                           NP      NP
        |    |    [+θL]                          |       |
        |    |      |                       뉴욕(에)를    e
        e   뉴욕    에                            i       i
```

(17 ㄴ)에 '을'주제화가 적용되면 (17 ㄷ)이 되는데 (17 ㄴ)의 나무 그림이 (18 ㄱ)이고 (17 ㄷ)의 나무 그림이 곧 (18 ㄴ)이다. 그리고 (17 ㄴ), 즉 (18 ㄱ)에 '을'주제화가 적용된 뒤 본래의 처소 명사구는 (17 ㄷ), 즉 (18 ㄴ)과 같이 공범주(empty category)로 남기게 된다는 것이다. 처소 명사구가 동지표된 공범주를 남긴다는 근거를 '을'주제화 명사구에 대하여 복귀 대명사(resumptive pronoun)[5]나 지시-표현(R-expression)의 단어가 다음 (19)와 같이 오더라도 적격한 문장이 되기 때문이라고 한다.

(19) ㄱ. 죤이 뉴욕(에)를 거기에 다녀왔다.
i i

ㄴ. 죤이 뉴욕(에)를 그 큰 도시에 다녀왔다.[6]
i i

우리는 지금까지 이광호(1988)의 이동 동사 구문의 처소 명사구의 '을'주제화에 대한 내용을 살펴봤다. 우리는 이상과 같은 이광호(1988)의 논의에 대해 다음과 같은 몇 가지 근본적인 문제점을 제시하고 그 내용을 검토하기로 한다.

---

5) 복귀 대명사(resumptive pronoun)란 Chomsky(1981)의 지배와 결속 이론에서 wh-흔적을 기대할 만한 곳에 나타나는 대명사를 지칭하는 것으로 (서정목(1992 : 129)), 이홍배(1987 : 181, 266, 370, 391, 510)에서는 '재현 대명사'라고 부르고 있다. 복귀 대명사에 대한 자세한 내용은 Chomsky(1981), 이홍배(1987), 임홍빈(1987), 이광호(1988) 참조.

6) 이광호(1988 : 239)는 (19)를 문법적인 문장으로 보고 있으나 우리의 안목으로는 확실한 비문이다.

첫째, '을'주제화된 명사구가 가진다는 '비대조적 대립', '언급 대상성', '특정성', '동적 세계 파악'이라는 의미 특성은 '을'주제화된 명사구만이 가지는 의미 특성이 아니라 대격 표지 '을'이 실현된 명사구를 비롯하여 모든 '을'실현 성분이 가지는 의미 특성이고 또 주제 표지 '을'이 가지는 의미 특성은 더욱 아니라는 것이다. 그러므로 '비대조적 대립'이니 '언급 대상성'이니 하는 의미 특성은 '을'주제화에 의한 의미가 아니다.

다음 예문을 보자.

(20) ㄱ. 철수가 밥을 먹었다. (이광호 (1988 : 71))
ㄴ. 순희가 노래를 불렀다.(이광호 (1988 : 72))
ㄷ. 철수가 교회의 종을 쳤다.(이광호 (1988 : 72))

(20 ㄱ~ㄷ)의 '을'실현 명사구는 이광호(1988 : 71~74)에 의한다면 모두 타동사의 목적어로서 이때 '을'은 주제화 표지가 아닌 분명한 대격 표지다. 그런데도 (20 ㄱ~ㄷ)의 '을'실현 명사구는 모두 '비대조적 대립'과 '언급 대상성', '특정성', '동적 세계 파악'[7]의 의미 특성을 지니고 있음이 확인된다.

이와 같은 '을'주제화의 의미 특성에 대해 이미 소개한 김영희(1988 : 7~36), 김귀화(1988 : 4~5, 18~22)의 비판 이외에도 '을'주제화 이

7) '을'실현 명사구가 '동적 세계 파악'이라는 의미 특성과 연관되는 것은 임홍빈 (1972 : 89~90)의 주장처럼 '을'주제화에 기인된 것이 아니라 '을'이 실현된 문장은 서술어가 동작성 동사인 이행성 문장이기 때문이다.

론을 최초로 제안한 임홍빈(1979 : 92)과 이광호(1988 : 58)에서도 솔직히 인정하였듯이 한마디로 '을'주제화의 의미 문제는 그 의미론적 명료성이 아직 분명하지 못하다는 것이다. 그러므로 '을'주제화란 증명된 것이라기보다는 주장된 것에 불과하다고 말하고 있다.

'을'주제화의 의미 특성이나 기능이 이처럼 하나의 논리로 정립되기가 어렵기 때문에 현재까지 이 문제에 대한 해결책으로 들 수 있는 것은 오직 "타동사의 목적어로 해석될 수 없는 '을'성분의 명사구는 '을'주제화된 명사구"라는 것뿐이다. 이를 좀 더 심하게 말하면 오직 목적어로 해석될 수 없는 '을'성분의 명사구를 '을'주제화라고 한다는 것, 즉 '을'주제화라는 용어를 덧붙이는 것에 지나지 않는다고 할 수도 있다.(이광호 (1988 : 58~59))

분명한 것은 '을'주제화 명사구의 통사적 특성이나 그 의미가 분명하게 규명되지 않는 한 '을'주제화 이론은 그 타당성을 인정받을 수 없는 것이다.

둘째, 위와 같은 가장 근본적인 문제점 외에도 '을'주제화 공범주 교점을 설정한 통사 구조(17 ㄴ, ㄷ) 즉 (18 ㄱ, ㄴ)이 통사론적으로 그 타당성을 인정받을 수 있는가 하는 것이다. 실제 임홍빈(1972~1987), 이광호(1988)의 '을'주제화 이론에서 주제화 공범주 교점은 매우 중요한 의미를 지닌다. 왜냐하면 주제화 공범주 교점의 설정 없이는 주제화 이론 자체가 붕괴되기 때문이다. 그러나 이에 대한 우리의 대답도 아니라는 것이다. 이광호(1988 : 240)는 나무 그림(18 ㄱ, ㄴ)에서 어떤 이동도 전제되어 있지 않다고 하면서도 처소역의 명사구가 성분 주제로서 '을'주제화로 실현되면 본래의 처소 명사구 교점을 공범주로 남기게 된다고 하고 있는데 실제 어떤 명사구가 원래 있던 자리에 공범주를 남기고 이웃한 공범주 자리로 옮겼다면 이는 이동(movement)이 아니고 무엇인가. 또 실제 '을'이 주제 표지로서 존재한다면 주제화라는 이동을 전제할 필요가 전혀 없는 것이다. 그런데 문제는 이렇게 이동을 전제하여 설정한 주제화 공범주 교점이 통사론적으로 설정의 타당성을 인정받을 수 없다는 데 있다.

왜냐하면 '을'주제화 처소 명사구가 주제 공범주 자리로 이동하고 원래 처소 명사구 자리에 공범주를 남겼는데 그 자리에 복귀 대명사와 지시-표현의 단어가 삽입된 (19 ㄱ, ㄴ)은 비문이기 때문이다.[8)]

(19 ㄱ, ㄴ)이 비문인 것은 동지표된 명사구의 중복 실현에서 온 것으로 어느 한 명사구가 삭제되면 물론 자연스런 문장이 될 수 있다. 또 (17 ㄴ)과 (18 ㄱ)의 공범주 교점의 설정은 처소 명사가 공범주를 성분 통어(c-command)하지 못하므로 통사론적으로 그 타당성을 인정받을 수가 없다.[9)]

그러므로 이광호(1988)의 주제화 공범주 교점과 주제화된 명사구의 본디 자리의 공범주 설정은 그 타당성을 인정받을 수 없다.

셋째, 이광호(1988 : 240)에 따르면 이동 동사 구문에 실현되는 처소 명사구는 성분 주제로서 '을'주제화된다는데 '도착하다'류의 자동사 등은 왜 도착한 처소 명사구의 '에'만 '을'주제화하고 그리고 '출발

---

8) (13) ㄱ. *존이 뉴욕$_i$(에)를 거기$_i$에 다녀왔다.

ㄴ. *존이 뉴욕$_i$(에)를 그 큰 도시$_i$에 다녀왔다.

9) 성분 통어(c-command)개념에 대해서는 Reinhart(1976), Aoun and Sportiche(1983) 참조.

하다'류의 자동사는 왜 출발한 처소 명사구의 '에서'만을 주제화하는가? 이광호(1988)는 이를 설명하지 않고 있다.

다음 예문들을 보자.(이광호 (1988 : 230~231, 243~244))

(21) ㄱ. 죤이 집에서 나갔다.
ㄴ. *죤이 집에서를 나갔다.
ㄷ. 죤이 집을 나갔다.

(22) ㄱ. 죤이 보스톤에서 떠났다.
ㄴ. *죤이 보스톤에서를 떠났다.
ㄷ. 죤이 보스톤을 떠났다.

(23) ㄱ. 철수가 부산에서 출발하였다.
ㄴ. *철수가 부산에서를 출발하였다.
ㄷ. 철수가 부산을 출발하였다.

임홍빈(1972~1987), 이광호(1988)의 주제화 이론이 타당한 것이라면 (21~23)(ㄴ)은 비문이 되어서는 안 되며 또 비문이라면 주제화 이론과 연관하여 비문이 된 이유를 설명할 수 있어야 할 것이다. 그러나 비문이라는 지적만 하고 이를 설명하지 못했다. (16 ㄱ)이 '을'주제화 되어 (16 ㄴ)이 되고 (16 ㄴ)에 '에'가 삭제되어 (16 ㄷ)의 주제화 문장이 된다는 것이 이광호(1988)의 '을'주제화 논리라면 당연히 (21~23)(ㄴ)이 비문이 되어서는 안 된다. 그리고 (21~23)(ㄴ)이 비문이면 (21~23)(ㄷ) 또한 비문이 되거나 적어도 주제화와는 상관없는 별개의 문장이 되어야 할 것이다. 그렇다면 (21~23)(ㄷ)의 처소 명사구에 실현된 '을'은 주제 표지가 아닐 것인데 그럼 무엇인가? 이는 곧 '을'주제화 이론이 그 타당성을 인정받을 수 없다는 충분한 증거가 된다고 본다. 이상과 같은 이유로 우리는 임홍빈(1972~1987), 이광호(1988)의 '을'주제화 이론을 인정하지 아니한다.

그럼 이제 우리가 제2장에서 제안한 조사 '을'의 실현 조건에 맞게 (11~13)(ㄴ, ㄷ), (14 ㄷ)의 '을'이 실현되었는지 검증하여 보자. '을' 실현의 의미론적 조건은 '을'이 실현된 문장이 이행성을 가지는 것이다. 국어에서 어떤 문장이 이행성 문장인지를 판별하는 기준으로 우리는 Hopper/Thompson(1980)의 열 가지 이행성 변항 가운데 서술어의 동작성, 참여항 수, 행동주의 의도성, 유정성 명사와 관련되는 행위성, 목적어에 대한 영향성 항목을 채택하였다. (11~14)(ㄴ,ㄷ)((14 ㄴ)은 비문으로 제외)의 문장들은 첫째 모두 이동 동사 구문들이므로 동작성 동사 구문이고 둘째 참여항 수가 두 개이며 셋째 주어 명사구가 유정성 명사로서 행위성 구문이며 넷째 동사로 표현된 행위의 영향이 처소 명사구에 미치고 있고 다섯째 행동주의 동사로 표현된 행위가 의도성 행위로 해석할 수 있으므로 이행성 문장들이다. 그러므로 '을'실현의 의미론적 조건을 (11~13)(ㄴ,ㄷ), (14 ㄷ)의 문장들은 충족시키고 있다.

다음으로 (11~14)의 통사 구조를 보자. (11~14)의 통사 구조는 (24)와 같은 나무 그림으로 표시할 수 있다.

```
(24)              S
                /   \
            NP         VP
            |        /    \
      지은이가  NP          V
              [ADV]        |
                 |         |
            대구에를        왔다
```

(11~13)(ㄴ)과 (14 ㄷ)의 통사 구조를 (24)와 같이 설정하는 통사론적 근거는 다음 (25)와 같이 접속문 구성에서 주어가 다른 경우에 후행절의 '을'실현 처소 명사구와 서술어가 대동사 '그리하다'로 대치가 됨으로써 이들 성분 모두가 동사구 구성 성분임이 입증되기 때문이다.

(25) ㄱ. 지은이가 대구에를 왔고 지성이도 그리했다.
ㄴ. 한샘이가 교회(학교)에를 갔고 동길이도 그리했다.
ㄷ. 영이가 시장에를 다녀왔고 순이도 그리했다.
ㄹ. 철수가 대구를 떠났고 영수도 그리했다.

(24)의 나무 그림에서 '을'이 실현된 처소 명사구가 동사의 자매항이므로 (11~14)의 '을'실현 처소 명사구들은 '을'실현의 통사론적 조건을 모두 충족시키고 있음이 확인된다.

3.5. 문장 셈숱화 구문

한국어에는 다음 (26)과 같이 문장의 필수 성분 즉 서술어의 목적어가 아닌 것이 분명함에도 불구하고 '에'나 '에서' 등과 같은 처소격 조사는 결합될 수 없는 반면에 오직 이행격 표지 '을'만이 실현될 수 있는 명사구들이 있다.

(26) ㄱ. 철수가 몇 차례를 넘어졌다.[10)]

ㄴ. 아이가 한 나절을 잤다. (김영희(1991 : 189))

ㄷ. 일행은 백여 리를 걸었다. (김영희(1991 : 189))

ㄹ. 철수가 2시간을 웃었다. (이광호(1988 : 130))

ㅁ. 순이가 10분을 울었다.

---

10) (26)의 문장들은 다음과 같이 처소격 조사 '에'나 '에서'가 결합되면 비문이 된다.

(가) ㄱ. *철수가 몇 차례에 넘어졌다.

ㄴ. *아이가 한 나절에 잤다.

ㄷ. *일행은 백여 리에서 걸었다.

ㄹ. *철수가 2시간에 웃었다.

ㅁ. *순이가 10분에 울었다.

단 (가 ㄱ)은 (26 ㄱ)과 다른 의미로 쓰일 때는 적격한 문장이 될 수도 있다.

또 (26)의 문장들은 다음과 같이 '을'실현 명사구가 나타나지 않아도 온전한 문장이 될 수 있으므로 '을'실현 명사구가 문장의 필수 성분인 목적어가 아님이 판명된다.

(나) ㄱ. 철수가 넘어졌다.

ㄴ. 아이가 잤다.

ㄷ. 일행은 걸었다.

ㄹ. 철수가 웃었다.

ㅁ. 순이가 울었다.

(26)의 '을'실현 명사구들은 그 기능상 서술어가 풀이하는 사태에 대하여 그 사태가 일어나는 빈도나 기간, 또는 거리를 한정해 주는 부사어들이다. 이들 부사어 명사구들은 김영희(1984 : 11)에서는 문장이 나타내는 사태를 양적 개념으로 규정해 준다는 의미에서 문장 셈숱말(sentence quantifiers)[11)]이라고 이름하고 이들로 구성되는 문장을 문장 셈숱화 구문이라고 했다.

본 절에서는 (26)과 같은 문장 셈숱화 구문에서 문장의 필수 성분, 즉 서술어의 목적어가 아닌 셈숱말에 어찌하여 이른바 대격 표지 '을'이 실현되는지 또 이때의 '을'이 대격 표지가 아니라면 무엇인가 하는 것을 통사, 의미론적으로 해명하는 데 그 목적이 있다.

(26)에서와 같이 '을'이 실현되는 문장 셈숱말에 대한 기존의 논의는 다음과 같이 요약될 수 있다.

첫째 '을'이 실현된 문장 셈숱말을 최현배(1937 : 298), 이익섭/임홍빈(1983 : 143)과 이광호(1988 : 128~133)는 서술어의 목적어로 보고 있고 둘째 비목적어설로는 서술어를 꾸미는 수식어인 부서격 명사구로 보는 박승빈(1935 : 209), 의사 목적어로 보는 김민수(1971 : 109), 김영희(1991)가 있으며 셋째 임홍빈(1979 : 103~105, 123)은 주제화에 따른 주제어로 보고 있다.

그런데 이러한 견해들은 근본적으로 몇 가지 문제점을 안고 있다.

먼저 이익섭/임홍빈(1983), 이광호(1988)의 주장처럼 (26)의 '을'실현 명사구를 목적어로 보는 견해는 문장의 필수 성분도 아니고 서술

---

11) 'quantifier' 는 셈숱말, 양화사, 수량사 등으로 부르고 있으나 우리는 셈숱말이라 부른다.

어의 보어(complement)도 아닌 명사구가 어찌하여 목적어가 될 수 있나 하는 것이다.

다음으로 비목적어설에 대해서는 (26)의 '을'실현 문장 셈숱말이 목적어가 아니라면 목적어를 표시하는 이른바 대격 표지 '을'이 어떻게 실현되었는가 하는 것이고 만약 '을'이 목적어 표지가 아니라면 이때 '을'은 무엇인가 하는 것이다.

또 임홍빈(1979)의 주제어설은 김영희(1991 : 190~191)의 지적처럼 하필 빈도, 기간, 거리를 한정하는 명사구 부사어들만이 '을'주제화가 되는가 하는 것이다.

그리고 이미 김영희(1991 : 191 -194)에 의해 밝혀졌지만 우리는 (26)의 '을'실현 문장 셈숱말이 목적어가 아니라는 것을 다시 한 번 확인하고자 한다.

첫째, 이들 문장 셈숱말이 비록 '을'이 통합된 명사구이긴 하나 다음과 같이 타동사가 아닌 서술어 구문[12)]에서도 나타나므로 목적어가 아닌 것은 사실이다.

(27) ㄱ. 순이는 여러 번을 아팠다.
　　 ㄴ. 철수가 일주일을 아팠다.

둘째, '을'이 실현된 문장 셈숱말이 참된 목적어가 아니라는 또 다

---

12) 비록 형용사 구문이라 할지라도 (27)과 같이 상태의 일정기간을 표시하는 형용사 구문에는 조사 '을'이 실현되어 그 문장이 이행성 문장이 될 수 있는 반면에 '좋다', '싫다', '예쁘다' 등과 같이 속성 자체를 표시하는 형용사 구문에는 조사 '을'이 실현될 수도 없고 그 문장은 이행성 문장이 될 수 없다.

른 통사론적 증거는 다음과 같이 등위 접속문의 비우기(gapping)에 있어서 일반 목적어 명사구들과는 다른 특이성을 나타낸다는 것이다.

(28) ㄱ. 아우는 사진을 오리고 언니는 사진을 붙였다.
ㄴ. 순이는 학교를 다니고 분이는 학교를 그만뒀다.

(29) ㄱ. 아우는 사진을 오리고 언니는 ø 붙였다.
ㄴ. 순이는 학교를 다니고 분이는 ø 그만뒀다.

(30) ㄱ. 철수는 두어 번을 쓰러졌고 석이는 두어 번을 주저 앉았다.
ㄴ. 형은 한 동안을 침묵했고 아우는 한 동안을 떠들었다.

(31) ㄱ. ? 철수는 두어 번을 쓰러졌고 석이는 ø 주저 앉았다.
ㄴ. ? 형은 한 동안을 침묵했고 아우는 ø 떠들었다.

(28)의 일반 목적어 명사구들은 (29)와 같이 영조응사(zero anaphor)로 실현이 될 수 있으나 (30)의 문장 셈숱말들은 (31)에서 보듯이 비우기 구문으로 성립하지 않는다는 것이다.

셋째, (26)의 문장 셈숱말은 일반 목적어 명사구들과는 달리 대명사화(pronominalization)가 되지 않는다는 것이다.

(32) ㄱ. *철수가 그것을 넘어졌다.
ㄴ. *아이가 그것을 잤다.
ㄷ. *일행은 그것을 걸었다.

ㄹ. *철수가 그것을 웃었다.

ㅂ. *순이가 그것을 울었다.

이상과 같은 통사론적 증거들을 볼 때 (29)의 문장 셈숱말들이 목적어 명사구가 아닌 것은 틀림이 없다.

그리고 임홍빈(1979 : 103-105)의 주제어설은 다만 (26)의 '을'실현 문장 셈숱말들이 서술어의 목적어가 될 수 없으므로 '을'주제어라는 주장만 하고 있고 그 구체적인 통사적 특성이나 그 과정을 설명하고 있지 않으므로 그 타당성을 인정하기가 어렵다. 목적어가 아닌 성분에 실현된 모든 '을'을 '을'주제화로 보고 있는 이광호(1988 : 128~133)조차도 (26)의 문장 셈숱말 명사구에 실현된 '을'을 주제화 표지로 보고 있지 않다.

그렇다면 (26)의 문장 셈숱말에 실현된 '을'의 기능은 무엇일까? 우리는 이를 주어 명사구의 서술어로 표현되는 행위나 상태가 '을'이 실현된 일정한 빈도나 기간에 혹은 거리 구간에서 전개, 지속되고 있음을 가리키는 이행성 표지로 본다.

우리는 제2장에서 어떤 문장에서 서술어로 표현되는 행위나 상태의 영향이 그 문장의 참여항이나 부가항에 미치고 있음을 가리키는 의미론적 특성을 이행성(transitivity)이라고 규정하였고 한 문장이 이행성 문장임을 표시해 주는 통사, 의미론적 표지가 바로 국어에는 조사 '을'이라는 것을 밝힌 바 있다. 그럼 이제 '을'이 실현된 문장 셈숱말로 구성된 (26)의 각 문장들이 Hopper/Thompson(1980)의 이행성 변항에 의거할 때 이행성 문장인지를 검토하여 보자

첫째 (26)의 문장들은 모두 주어 명사구와 문장 셈숱말 명사구로

구성됨으로써 참여항과 부가항이 각각 하나씩 있으므로 이행성 문장이 될 수 있다. 둘째로 (26)의 모든 문장들은 서술어가 동작성 동사이므로 이행성이 높은 문장이 될 수 있고, 셋째 주어 명사구들은 모두 유정성 명사들로서 의도성 행위나 동작을 할 수 있는 문장들이다.

이상과 같이 Hopper/Thompson(1980)의 이행성 변항에 따라 분석해 볼 때 (26)의 모든 문장들은 이행성 문장들임이 판명된다 할 것이다. 그럼 (26)의 문장 셈숱말이 조사 '을'실현의 통사론적 조건인 동사구 구성 성분인지 검증하여 보자.

먼저 (26)의 문장들은 다음과 같은 나무그림으로 그 통사 구조를 표시할 수가 있다.

(33)
```
              S
             / \
          NP     VP
          |      / \
      철수가  NP     V
           (ADV)    |
              |     |
       몇 차례를   쓰러졌다
```

우리가 (26)의 '을'실현 문장 셈숱말들을 (33)과 같이 동사구 성분으로 분석하는 근거는 다음 (34)와 같이 접속문 구성에서 주어가 다른 후행절의 문장 셈숱말들이 서술어와 함께 대동사 '그리하다'로 대치가 될 수 있기 때문이다.

(34) ㄱ. 철수가 몇 차례를 넘어졌고 영수도 그리했다(몇 차례를 넘

어졌다).

ㄴ. 아이가 한나절을 잤고 어른도 그리했다(한나절을 잤다).

ㄷ. 일행은 백여 리를 걸었고 다른 팀도 그리했다(백여 리를 걸었다).

ㄹ. 철수가 2시간을 웃었고 영이도 그리했다(2시간을 웃었다).

ㅁ. 순이가 10분을 울었고 영이도 그리했다(10분을 울었다).

이상에서 살펴본 바대로 (26)의 '을'실현 문장 셈숱말들은 동사구 구성 성분임이 분명하고 또 (33)의 나무 그림을 통해서 알 수 있는 바와 같이 '을'이 실현된 문장 셈숱말이 동사 '쓰러졌다'의 자매항이므로 '을'실현의 통사적 조건을 충족시키고 있음이 확인된다.

3.6. 성분 부사 구문

국어의 부사는 크게 문장 전체를 꾸미는 문장 부사와 특정한 성분을 수식하는 성분 부사로 가를 수 있다. 그런데 성분 부사 가운데 동작성 동사를 꾸미는 양태 부사는 정도 부사나 시간 부사 등과는 달리 분명 서술어의 목적어가 될 수 없는 부사임에도 불구하고 이른바 대격 표지 '을'이 통합, 실현되는 경우가 있다. 다음 문장을 보자.

(35) ㄱ. 지은이가 학교에 빨리를 갔다.

ㄴ. 지성이가 집에 천천히를 왔다.

(35)의 밑줄친 부사들은 서술어, 즉 동사를 수식하는 성분 부사들인데 이른바 대격 표지 '을'이 실현돼 있다. 이들 부사구들은 명사구가 아니므로 분명 목적어가 될 수 없는데 어찌하여 이른바 대격 표지 '을'이 실현되었을까?

임홍빈(1972~1987), 이광호(1988)의 '을'주제화 이론에 따른다면 대격 표지 '을'로 볼 수 없는 모든 '을'은 주제화 첨사이기 때문에 (35)의 부사구들에 실현된 '을'도 주제 표지로 보아야 할 것이다. 그러나 (35)의 성분 부사구들을 '을'주제화에 의해 주제어가 된 것으로 보기에는 다음과 같은 문제점이 있다. 문장 부사는 말할 필요도 없고 같은 성분 부사임에도 불구하고 형용사를 꾸미는 정도 부사는 왜 '을'주제화가 되지 않고 하필 동작성 동사를 꾸미는 양태 부사만이 '을'주제화가 되느냐 하는 것이다.

(36) ㄱ. 날씨가 매우 덥다.

ㄴ. 마음이 퍽 든든하다.

ㄷ. 가을 하늘이 가장 높다.

ㄹ. 얼굴이 매우 아름답다.

(36)은 상태성 동사(형용사) 구문으로 서술어 즉 형용사를 꾸미는 성분 부사들이 나타난 문장들인데 그 성분 부사에 '을'을 연결시키면 다음 (36)과 같이 모두 비문법적인 문장이 된다.

(37) ㄱ. *날씨가 매우를 덥다.
ㄴ. *마음이 퍽을 든든하다.
ㄷ. *가을 하늘이 가장을 높다.
ㄹ. *얼굴이 매우를 아름답다.

동작성 동사 구문의 양태 부사에는 국어 조사 '을'이 실현될 수 있고 상태성 동사 구문의 정도 부사에는 '을'이 실현될 수 없는 국어의 언어현상을 임홍빈(1972~1987), 이광호(1988)의 '을'주제화 이론으로는 해명할 수 없는 것이다.

그럼 (35)와 같이 대격 표지로 볼 수 없는 성분 부사에 실현된 '을' 은 과연 무엇인가? 우리는 (35)와 같이 동작성 동사 구문의 양태 부사에는 '을'이 실현될 수 있는 반면에 (37)과 같이 상태성 동사 구문의 성분 부사에는 '을'이 실현될 수 없다는 사실 자체가 바로 이 문제를 해결할 수 있는 실마리를 제공하고 있다고 본다. 즉 이때의 '을'은 (35)의 문장들이 이행성 문장임을 가리키는 이행성 표지라는 것이다.

Hopper/Thompson(1980)의 이행성 변항에 의하면 동작성 동사 구문은 이행성 문장이 될 수 있는 반면에 상태성 동사 구문은 상대적으로 이행성 구문이 되기 어렵기 때문이다. 왜냐하면 이행성이란 근본적으로 동사의 의미 특성에서 발생하는 것으로 동작성 동사 구문이라야 동사로 표현된 행동주의 행위나 동작이 문장 내 이행자(patient)인 다른 참여항이나 혹은 또 다른 부가항에 그 영향을 미칠 수가 있기 때문이다.

이제 (35)의 문장이 이행성 문장인지를 Hopper/Thompson (1980)

의 이행성 변항에 의거 확인하여 보자. 첫째 (35)의 문장들은 참여항이 하나이고 부가항이 둘인 구문으로 이행성 문장이 될 수 있고 둘째 이미 설명한 바와 같이 (35)의 문장들은 동작성 동사 구문으로 이행성이 높은 문장이 될 수 있으며 셋째 주어로 선택된 행동주 참여항 명사가 유정성(animate) 명사로서 다음과 같이 의도성 여부를 시험할 수 있는 '-려고 하다'를 연결하여 볼 때 의도성을 가진 행위 동사 구문으로 확인되기 때문에 (35)의 문장들은 모두 이행성 문장인 것이다.

(38) ㄱ. 지은이가 학교에 빨리를 가려고 했다.
ㄴ. 지성이가 집에 천천히를 오려고 했다.

(35)의 문장들이 이행성 문장임이 밝혀졌으므로 (35)에서 동사를 꾸미는 성분 부사에 실현된 '을'이 '을'실현의 통사적 조건을 충족시키는지 이를 검토해 보자.

우선 (35)의 통사 구조는 다음 (39)와 같이 표시할 수 있을 것이다.

(39)
```
                S
               / \
          NP        VP
          |        /   \
   지은이가  NP          V'
          (ADV)        / \
              |    ADV     V
          학교에   |        |
                 빨리를    갔다
```

(35)의 통사 구조를 (39)와 같은 나무 그림으로 설정한 통사적 근거는 첫째 (35)의 문제의 부사 '빨리'와 '천천히'가 동사를 꾸미는 성분 부사이기 때문에 동사구 구성 성분이 틀림없고 둘째 다음 (40)과 같이 접속문 구성을 할 때 후행절의 주어 명사구를 제외한 나머지 성분들이 모두 대동사 '그리하다'로 대치가 될 수 있으므로 동사구 구성 성분임이 명백히 밝혀지기 때문이다.

(40) ㄱ. 지은이가 학교에 빨리를 갔고 지성이도 그리했다.
ㄴ. 지성이가 집에 천천히를 왔고 지은이도 그리했다.

그럼 (39)의 나무 그림으로 돌아가자.

(39)에서 동사 '갔다'의 자매항인 부사구 '빨리'에 '를'이 실현되었으므로 '을'실현의 통사적 조건을 충족시키고 있음이 확인된다. 그런데 (35)의 '을'실현 부사구들은 논항 명사구가 아니므로 이때 '을'은 수의적으로 실현된 것으로 보아야 한다. (35)의 성분 부사에 '을'이 실현되지 않은 다음 (41)도 온전한 문장이 될 수 있기 때문이다.

(41) ㄱ. 지은이가 학교에 빨리 갔다.
ㄴ. 지성이가 집에 천천히 왔다.

또 (39)와 같은 나무 그림에서 조사 '을'실현의 통사론적 조건(제2장 (35))에 의한다면 (35)의 문장들이 이행성을 가진 문장이기 때문에 동사구(V')의 자매항인 처소 명사구 '학교에'도 이행성 표지 '을'이 실현될 수 있어야 한다. 실제 (42)를 보면 이와 같은 사실이 확인된다.

(42) ㄱ. 지은이가 학교에를 빨리를 갔다.

ㄴ. 지성이가 집에를 천천히를 왔다.

우리는 지금까지 형태 범주로 봐서 목적어가 될 수 없는 성분 부사에 실현된 '을'은 동사로 표현된 행위나 동작의 영향이 그 문장내 참여항이나 부가항에 미치고 있음을 가리키는 이행성 표지라는 것과 그 이행성 표지 '을'이 우리가 제안한 '을'실현의 통사적 조건을 충족시키고 있음을 확인했다.

3.7. '아/어, 게, 지, 고' 보문자 구문

최현배(1977 : 281~285)에서부터 부사형 어미로 불러왔던 국어의 보문자 (complementizer.) '아/어, 게, 지, 고'[13]에도 다음 예문에서 볼 수 있는 바와 같이 '을'이 실현되고 있다.

---

13) 국어의 보문자 '아/어, 게, 지, 고'는 학자들에 따라서 동사구 보문자(박병수(1974), 이익섭/임홍빈(1983), 권재일(1985), 임홍빈(1987))로 보기도 하고 명사구 보문자(Lee(1970), Yang(1972), 김영희(1987), 김정대(1990))로 보기도 한다.

(43) ㄱ. 영이가 예쁘지를 않다.
ㄴ. 철이가 집에 가지를 않았다.
ㄷ. 오빠는 언니가 웃게를 했다.
ㄹ. 철수가 영이를 좋아를 했다.
ㅁ. 나는 학교에 가고를 싶다.

권재일(1985 : 90, 123, 130)에 따르면 (43)의 내포문 어미인 보문자 '아/어, 게, 지, 고'는 모문 서술어를 제약하는 통사 특성이 있고 또 이들 보문자는 모문 동사와 함께 내포문 동사를 제약하는 특성이 있다고 한다. 예를 들면 (43 ㅁ)의 '고'의 경우는 모문 동사로 '싶다, 있다, 나다, 말다, 하다' 등을 선택하고 보문자 '고'와 이들 동사들은 반드시 [+동작성] 동사만을 내포문 동사로 허용한다는 것이다.

또 보문자 '지'의 경우는 항상 부정의 의미를 가진 동사나 형용사를 모문 서술어로 선택하는데 문체법[14]상 서술법, 의문법에는 '아니하다', '못하다'를 선택하고 명령법과 청유법에는 '말다' 동사를 모문 서술어로 선택한다는 것이다.

다음 문장을 보자.

(44) ㄱ. 순이가 아름답지를 아니하다.
ㄴ. 그는 교회에 가지를 못했다.

---

14) 문체법이란 용어는 원래 이희승(1949)의 용어로 남기심/고영근(1686 : 340)에서는 종결법, 권재일(1985 : 81)에서는 의향법으로 부르고 있으며 일반적으로 마침법(종지법)이라고 부르고 있다.

ㄷ. 순이가 교회에 가지를 못했나?

ㄹ. 그가 교회에 가지를 안했나?

ㅁ. 집에 가지를 마라.

(44)의 문장들을 살펴보면 보문자 '지'는 반드시 모문 서술어로 부정의 의미를 가지는 '아니하다', '못하다', '말다' 동사를 선택하며 보문자 '지' 뒤에는 '을'이 항상 통합될 수 있음을 확인할 수 있다.

우리의 관심은 보문자 '아/어, 게, 지, 고' 뒤에 실현되는 '을'에 있고 이때의 '을'이 어떤 통사 의미론적 기능을 하는가에 있기 때문에 이를 검토하고자 한다.

먼저 (43)의 보문자 '아/어, 게, 지, 고'에 통합, 실현된 '을'은 우리의 생각으로는 대격 표지로 볼 수 없다는 것이다. 만약 (43)의 보문자 '아/어, 게, 지, 고'에 실현된 '을'이 대격 표지라면 반드시 모문 동사들이 모두 타동사나 비상태성 동사가 되어야 한다. 왜냐하면 Chomsky(1981 : 170), Yim(1984 : 53), Kang(1986 : 50), 임홍빈(1987 : 32), Han(1987 : 45) 등에 따르면 타동사의 지배(government)를 받는 명사구(NP)나 비상태성 동사의 자매항 명사구에 대격 표지가 할당될 수 있기 때문이다.

그러나 (43 ㄱ)의 모문 서술어 '아니하다'는 서술어 어간에 '-는(ㄴ)다' 연결이 불가능하고 '-고 있다' 진행형이 성립하지 않는 상태성 동사인 형용사이기 때문에 자신이 지배하는 명사구나 자신의 자매항 명사구에 대격 표지를 할당할 수가 없다.

(45) ㄱ. *영이가 예쁘지를 아니한다.

ㄴ. *영이가 예쁘지를 아니하고 있다.

ㄷ. *영이가 예쁘지를 아니하고 있었다.

(45)의 (ㄱ-ㄷ)이 모두 비문인 것은 서술어 '아니하다'가 동사가 아닌 형용사라는 것을 입증하고 있다. 그렇다면 (43 ㄱ)의 '지'보문자 뒤에 실현된 '을'은 대격 표지로 볼 수가 없는 것이다.

(43)의 보문자 '아/어, 게, 지, 고'에 통합, 실현된 '을'에 대한 또 다른 견해는 임홍빈(1972 -1987), 이광호(1988)의 '을'주제설이다. '을'주제설을 검토하기 전에 설명의 편의를 위해 먼저 다음의 예문을 보자.

(46) ㄱ. 영이가 예쁘지(가, 를) 않다.

ㄴ. 철이가 침착하지(가, 를) 않다.

ㄷ. 철수가 집에 가지(*가, 를) 않았다.

ㄹ. 아이가 울지(*가, 를) 않는다.

ㅁ. 차가 가지 (가, 를) 않는다.

ㅂ. 꽃이 피지(가, 를) 않는다.

'지'보문자 구문이 가지는 특이한 통사 특성 가운데 하나는 내포문 동사가 상태성 동사, 즉 (46 ㄱ, ㄴ)과 같이 형용사이거나 비록 비상태성 동사라고 하더라도 (46 ㅁ, ㅂ)과 같이 비유정성([-amimate]) 명사가 동작주가 되면 보문자 '지' 뒤에는 주격 표지 '이/가'나 이른바 대격 표지 '을'이 모두 실현될 수 있으나 (46 ㄷ, ㄹ)과 같이 내포문 동사가 비상태성 동사이고 그 동사의 주어 명사구가 유정성 명사이면 반드시 이행성 표지 '을'만이 실현될 수 있다. 이와 같은 '지'보문자 구문의 통사 특성을 주격 표지나 대격 표지로 볼 수 없는 모든 '이/가'나 '을/를'을 주제 표지로 보고 있는 임홍빈(1972~1987), 이광호(1988)의 주제화 이론으로는 설명하기가 곤란하다.

그리고 만약 임홍빈(1972 ~ 1987)과 이광호(1988)의 '을'주제화 이론이 올바른 것이라면 속격 명사구나 여격 명사구, 처소격 명사구의 '을'주제화처럼 보문자 '아/어, 게, 지, 고'의 '을'주제화도 당연코 보문자 '아/어, 게, 지, 고'가 첨가된 내포문(즉 보문) 전체가 '을'주제화되어야 할 것이다. 그러나 이광호(1988 : 183 ~ 185)에 의하면 보문자 '아/어, 지' 구문에서는 '아/어, 지'가 부가된 내포문 서술어(보문 서술어)가 '을'주제화되는 것으로 설명하고 있다. 또 '게, 고'는 보문자로부터 '게, 고'가 부가된 내포문 전체가 '을'주제화 되는 것이 아니라 보문자 '게, 고'만이 '을'주제화된다고 설명하고 있다.

이광호(1988 : 183~187)는 어근 분리의 '을'주제화와 관련하여 '동사어간+활용어미'의 경우 합성 동사 V의 교점이, 그리고 보문자일 경우에는 내포문 S의 교점이 성분 주제로서의 대격 '을'주제화의 지배 범주가 된다고 주장하고 있으나 실제 나무 그림에서는 다음 (47)과 같이 '게, 고' 보문자의 경우는 S의 교점 전체가 대격 '을'주제화가 되는 것이 아니라 보문자 '게, 고'만을 '을'주제화하여 이동시키고 있다.

(47)

문제는 보문자 '아/어, 지'의 경우는 '아/어, 지'가 부가된 내포문(보문) 서술어가 '을'주제화되고 또 보문자 '게, 고'는 '게, 고'가 실현된 보문 전체가 주제화되지 않고 왜 보문자 자체만 주제화가 되느냐 하는 것이다. 또 아무런 어휘적 의미도 갖지 않는 문법 요소인 보문자 '게, 고'가 과연 '을'주제화가 되어 '비대조적 대립'과 '언급 대상성', '특정성' 그리고 '동적 세계 파악' 이라는 의미 특성을 가지는지 의문을 가지지 않을 수 없고 이에 대한 분명한 우리의 대답은 그렇게 볼 수 없다는 것이다.

우리는 보문자 '아/어, 게, 지, 고'에 실현된 '을'도 모문 서술어로 표현된 동사의 행위나 동작 그리고 상태의 영향이 그 문장의 참여항이나 부가항에 미치고 있음을 가리키는 이행성 표지로 본다. 우리가 보문자 '지' 뒤에 실현된 '을'을 이행성 표지로 보는 근거는 Hopper/Thompson(1980)의 이행성 변항으로 보문자 뒤에 실현되는 모든 '을'을 설명할 수 있기 때문이다.

그럼 (43)의 문장들이 이행성 문장인지를 검토하여 보자. 첫째 (43)의 모든 문장(모문)은 하나 이상의 참여항과 부가항으로 구성된 구문이므로 이행성 문장이 될 수 있고 둘째 (43 ㄴ~ㄹ)은 동작성 동사 구문이므로 이행성 문장이 될 수 있고 (43 ㄱ,ㅁ)도 비록 상태성 동사인 형용사 구문이긴 하나 모문 서술어로 표현된 내용이 (43 ㄱ)처럼 보문 전체 내용을 부정하거나 모문 서술어로 표현된 내용이 (43 ㅁ)처럼 보문 전체에 영향을 미치고 있음을 확인할 수가 있다. 셋째 (43)의 주어로 선택된 참여항 명사구들이 모두 유정성(animate) 명사로서 특히 (43 ㄴ~ㄹ)은 의도성을 가진 행위 동사 구문으로 볼 수가 있고 넷째 '을'실현 내포문 전체가 모문 서술어로 표현된 행위나 상태의 영향을 전체적으로 받고 있으므로 이행성 문장임이 확인된다.

이제 보문자 '아/어, 게, 지, 고'에 실현되는 이행성 표지 '을'이 우리가 제2장에서 제안한 '을'실현의 통사적 조건을 충족시키고 있는지를 확인해 보자. (43)의 통사 구조는 (48)과 같이 나무 그림으로 표시할 수 있을 것이다.

(48)

ㄱ.
```
            S
          /   \
       NP       VP
       |       /  \
     영이가    S′     V
       i     / \     |
            S  COMP 않다
           / \    |
         NP   VP 지를
         |     |
       영이가   V
         i     |
             예쁘-
```

ㄴ.
```
            S
          /   \
       NP       VP
       |       /   \
     철수가    S′      V
       i     / \      |
            S   COMP 않았다
           / \    |
         NP   VP  지를
         |   / \
       철수가 NP  V
         i   |   |
          (ADV) 가-
             |
            집에
```

ㄷ.
```
            S
          /   \
       NP       VP
       |       /  \
     오빠는    S′     V
             / \     |
            S  COMP 했다
           / \    |
         NP   VP 게를
         |     |
       언니가   V
               |
              웃-
```

ㄹ.
```
            S
          /   \
       NP       VP
       |      / | \
     철수가   NP  S′ V
             |   |  |
           영이를  |  했다
             i   / \
                S   COMP
               / \    |
             NP   VP 아를
             |    |
           영이가   V
             i    |
                 좋-
```

```
ㅁ.          S
          /      \
      NP          VP
       |        /     \
    나는       S'       V
    i        /  \      |
          S    COMP  싶다
        /  \       |
      NP    VP   고를
       |     |
    나는      V
    i       /  \
         NP    V
          |     |
       학교에    가-
```

(48)의 나무 그림을 통해서 알 수 있는 바와 같이 (43)의 보문자 '아/어, 게, 지, 고'에 실현된 조사 '을'은 모문 동사의 자매항인 보문에 실현된 것으로 그 지배 범주가 내포된 보문 전체이다.

우리는 지금까지 (43)과 같이 '을'이 실현된 '아/어, 게, 지, 고' 보문자 구문이 이행성을 지니고 있기 때문에 '을'실현의 의미론적 조건을 충족시키고 있고 또 (43)과 같은 보문자 구문은 (48)과 같은 통사 구조를 가지는데 '을'이 실현된 성분이 모두 동사의 자매항으로 '을' 실현의 통사론적 조건을 충족시키고 있음을 확인했다.

3.8. 요약

이 장의 목적은 '을'이 실현된 성분이 하나뿐인 문장을 여섯 가지 유형으로 나누어 각 유형의 문장이 모두 Hopper/Thompson(1989)의 이행성 변항에 의해 분석해 볼 때 의미론적으로 이행성이란 의미 특성을 가지고 있음을 확인하고 이와 같은 이행성 문장에 형태, 통사론적 특성으로 이행성 표지 '을'이 실현되며 이 문장들이 모두 제2장에서 우리가 제안한 '을'실현의 통사론적 조건을 충족시키는지를 확인하는 것이었다.

제3장의 논의에서 얻은 결론을 요약하면 다음과 같다.

첫째, 타동사 구문의 목적어 명사구에 실현된 '을'은 제2장의 이행성 개념과 Hopper/Thompson(1980)의 이행성 변항에 의거 분석해 볼 때 의미 층위상으로는 이행성 표지(transitive marker)이고 Chomsky(1981 : 170), Kang(1986 : 50)의 대격 표지 할당 원리에 의거 검토하여 볼 때 통사 층위상으로는 이른바 대격 표지로 판명됐다. 즉 타동사 구문의 조사 '을'은 의미 층위상으로는 이행성 표지이고 통사 층위상으로는 이른바 대격 표지 기능을 하고 있다.

둘째, 국어 목적성 목적어(purposive object) 구문의 '을'실현 명사구는 삭제된 포괄 동사(generic verb) '하다'의 목적어로서 '하다' 동사를 서술어로 하는 내포문, 즉 보문 자체가 이행성을 지니고 있으며 '하다' 동사의 자매항인 목적성 목적어에 '을'이 실현되어 '을'실현의 의미론적 조건과 통사론적 조건을 모두 충족시키고 있음이 확인됐다.

셋째, 처소격 조사 '에'가 실현된 처소 명사구의 '을'은 대격 표지가 분명히 아니며 통사, 의미론적으로 그 문장이 이행성 문장임을 표시해 주는 이행성 표지로 보아야 한다. 이때 '을'은 임홍빈(1972~1987), 이광호(1988)에서는 주제 표지로 보고 있으나 '을'주제화의 의미 특성이나 통사론적 특성이 분명하게 규명되지 않는 한 그 타당성을 인정할 수 없는 주장이었다.

넷째, 문장 셈숱말에 실현되는 '을' 또한 이행성 표지이고 대격 표지나 주제 표지로 볼 수가 없다. 문장 셈숱말이 여러 가지 통사론적 증거로 볼 때 서술어의 목적어가 될 수 없기 때문이고 주제 표지로 볼 수 없는 것은 왜 하필 빈도, 기간, 거리를 한정하는 처소 명사구들만이 '을'주제화가 되느냐 하는 것이다.

다섯째, 동사의 목적어로 볼 수 없는 동작성 동사를 꾸미는 성분 부사에만 실현되는 '을'은 대격 표지로 볼 수도 없고 주제 표지로도 볼 수가 없다.

이때의 '을'실현 구문도 의미론적으로 이행성을 지니므로 이 '을' 또한 이행성 표지가 분명하다. 왜냐하면 똑같은 성분 부사라도 상태성 동사, 즉 형용사를 꾸미는 정도 부사에는 '을'이 실현될 수 없기 때문이다.

여섯째, 국어 보문자 '아/어, 게, 지, 고' 뒤에 실현되는 '을' 또한 대격 표지도, 주제 표지도 아니며 이행성 표지다. 모문 서술어가 목적어를 가질 수 없는 형용사일 때도 보문자 '아/어, 게, 지, 고' 뒤에 '을'이 실현되므로 대격 표지가 될 수가 없고, 보문자 뒤에 실현된 '을'의 통사 특성이나 의미 특성은 '을'주제화 이론으로는 설명될 수가 없기 때문이다.

우리는 이상의 여섯 가지 유형의 구문에 실현된 '을' 모두가 의미론적으로 이행성이란 의미 특성을 가진 문장에 실현되고 이행성이란 의미 특성이 우리가 규정한 이행성 개념에 의해 설명될 수 있으며 Hopper/Thompson(1980)의 이행성 변항에 의해 '을'실현 구문이 이행성 문장임이 증명되기 때문에 우리는 '을'이 통사, 의미론적으로 이행성 표지라는 것을 확신한다. 또 이행성을 지닌 문장에 실현되는 '을'은 통사적으로 반드시 동사의 자매항이나 동사구(V')의 자매항에 실현된다는 것을 우리는 확인했다.

4

CHAPTER

한국어 조사 '을/를'의 통사·의미론적 연구

제4장

한국어 조사 '을/를' 거듭 실현 구문

제4장

한국어 조사 '을/를' 거듭 실현 구문

4.1. 들어가기

이 장에서는 한국어 이행성 표지 '을'이 실현되는 성분이 거듭 나타나는 문장을 크게 다섯 가지 유형으로 나누어 다루게 된다.

그 다섯 가지 유형의 문장은 첫째 속격 구성을 이루는 명사구 가운데 표면적으로는 속격 표지 '의'가 조사 '을'로 바뀔 수 있는 이른바 소속 관계 구문과 둘째 '주다'류의 동사로 구성되는 여격 명사구 구문에서 여격 조사 '에게'가 '을'로 대체될 수 있는 수여 동사(dative verb)구문, 셋째 '을'실현 명사구를 둘 이상 가지는 '하다'동사 구문, 넷째 셈숱말과 셈숱말을 선행하는 명사구에 '을'이 각각 실현되는 셈술화 구문, 마지막으로 자료, 자격을 나타내는 명사구에 '을'이 실현됨으로써 한 문장에 '을'실현 명사구가 둘 이상이 있는 문장 등이다.

우리는 이상의 다섯 가지 유형의 문장에 실현된 '을'이 모두 기존의 견해들처럼 대격 표지로 볼 수 있는지 이를 검토하고 임홍빈(1972-1987), 이광호(1988)의 주장처럼 그 중 어느 하나는 주제 표지로 볼 수 있는지도 함께 검토하게 될 것이다.

또 송창선(2009)은 이른바 소속 관계 구문에서 피동문 되기를 한 결과 '을'이 실현된 두번째 명사구는 피동문의 주어가 될 수 없으므로 이때 '을'은 대격 표지가 아니며 의미를 더해주는 보조사라고 했다. 이 같은 주장은 이행성 표지 '을'의 한 측면만을 본 것으로 기존의 주장인 임홍빈(1972~1987)과 이광호(1988)의 주제화 주장과 다를 바가 없다.

그리고 이상의 다섯 가지 유형의 문장들이 우리가 제 2장에서 규정한 이행성 개념과 Hopper/Thompson(1980)이 제시한 이행성 변항에 근거하여 분석해 볼 때 모두 의미론적으로 이행성을 가진 문장이라는 것을 증명해 보일 것이다. 그리고 제 2장에서 우리가 제안한 '을'실현 조건을 이상의 다섯 가지 유형의 구문에 나타난 '을'이 모두 충족시키고 있음을 함께 보게 될 것이다. 또 우리는 이상의 다섯 가지 유형의 문장을 분석하면서 이행성 문장의 동사구 구성 성분에 실현되는 '을'이 거듭 나타날 수 있는 이유도 함께 살피게 된다.

4.2. 소속 관계 구문

이 절에서는 국어의 중요한 통사적 특성 중의 하나로 손꼽히는 이른바 겹목적어 구문 가운데 다음 (1)과 같은 소속 관계 구문(pertinence relation constructions)의 '을'실현 현상을 다루게 된다.

(1) ㄱ. 철수가 영이를 손을 잡았다.
ㄴ. 순이가 나무를 가지를 꺾었다.
ㄷ. 엄마가 아들을 머리를 깎았다.
ㄹ. 개가 아기를 손을 물었다.
ㅁ. 철수가 책상을 다리를 고쳤다.

(1)과 같은 이른바 소속 관계 겹목적어 구문들의 특징은 첫째 '을'이 실현된 두 명사구의 의미 관계가 [전체+부분]의 관계를 맺고 있어 서로 따로 분리되어 존재할 수 없는 비분리적(inalienable) 관계를 가지고 있다는 것이다. 둘째 '을'이 실현된 두 명사구가 다음 (2)와 같이 하나의 속격 명사구를 형성할 수 있다.

(2) ㄱ. 철수가 영이의 손을 잡았다.
ㄴ. 순이가 나무의 가지를 꺾었다.
ㄷ. 엄마가 아들의 머리를 깎았다.
ㄹ. 개가 아기의 손을 물었다.
ㅁ. 철수가 책상의 다리를 고쳤다.

그런데 비록 (2)와 같이 하나의 속격 명사구를 형성할 수 있는 명사구들이라 할지라도 두 명사구의 의미 관계가 [전체+부분]의 관계가 아닌 다음 (3~5)(ㄱ)과 같은 문장은 겹목적어 구문이 될 수가 없다.

(3) ㄱ. 철수가 동생의 책을 찢었다.
ㄴ. *철수가 동생을 책을 찢었다.

(4) ㄱ. 아내가 남편의 옷을 고쳤다.
ㄴ. *아내가 남편을 옷을 고쳤다.

(5) ㄱ. 인호가 광배의 그림을 샀다.
ㄴ. *인호가 광배를 그림을 샀다.

(3) ~ (5)(ㄱ)은 두 명사구가 비록 하나의 속격 명사구를 구성하고 있으나 그 두 명사구의 의미 관계가 [전체+부분]의 비분리적 관계가 아닌 [소유자+피소유물]의 관계를 맺고 있음으로 해서 (3)~(5)(ㄴ)과 같이 분리되어 '을'이 각각 실현되면 주어 명사구의 동사로 표현된 행위의 영향을 입는 대상이 소유자와 피소유물로 갈라져서 의미론적 모순이 생기기 때문에 비문법적인 문장이 된다. 다시 말하면 (2)의 속격 구성 명사구들은 '을'이 실현된 명사구로 분리가 되어도 통사, 의미론적으로 서술어로 표현된 행위의 영향을 받는 두 명사가 '전체'와 '부분'의 관계를 맺고 있는 동일 대상이므로 의미론적 모순이 되지 않지만 (3~5)(ㄱ)의 속격 명사구들은 '소유자'와 '피소유물'의 의미 관계를 맺고 있음으로 분리가 되어 각각 '을'이 실현되면 서술어의 영향을 받

는 동일 대상이 될 수 없기 때문에 '을'이 거듭 실현되는 이른바 겹목적어 구문이 될 수 없다. 이와 유사한 현상은 셈숱말과 셈숱말을 선행하는 명사구에 '을'이 거듭 실현되는 셈숱화 구문과 '삼다' 등과 같은 세 자리 서술어 구문인 자료, 자격 명사구 구문에서도 확인이 된다.

이와 같은 사실을 미루어 보면 (2)와 같은 속격 구성 명사구 구문들이 (1)과 같이 겹목적어 구문으로 되는 것을 소유자 인상(possessor ascension)이론[1]으로 설명하려고 한 Shibatani(1976), Chun(1985)의 주장은 그 타당성을 인정받을 수 없게 된다. 왜냐하면 첫째 (2)와 같은 속격 명사구 구문은 (1)과 같이 소유자 인상이 되는 반면에 (3)~(5)와 같은 속격 명사구 구문들은 두 명사구의 의미 관계가 [소유자+피소유물]의 관계를 맺고 있음에도 불구하고 왜 소유자 인상이 이루어 질 수 없는지를 설명할 수가 없기 때문이다.

둘째로 Shibatani(1976), Chun(1985)의 주장대로라면 소유자 인상이 되기 전에 '을'이 실현돼 있던 목적어 명사구는 소유자 인상으로 인하여 문법 관계를 상실한 실격 성분(chômeur)이 되는데 실격 성분

---

1) Shibatani(1976), Chun(1985)에서는 (1)과 같은 겹목적어 구문에 '을'이 실현된 두 명사구 모두를 목적어로 인정하지 않고 있다. 그들은 주어 , 목적어 등의 문법 관계(grammatical relation)는 주격 표지나 대격 표지와 별개의 것임을 주장하면서 '을'이 실현된 두 개의 명사구 중 하나는 단지 대격 표지 명사구(accusativized NP)에 불과하며 기능 이어 받기 법칙 (relational succession law)과 기능 잃기 법칙(relational annihilation law)에 따라 두 명사구 중 소유자 인상 이전에 '을'이 실현돼 있던 후행(부분) 명사구는 실격 성분(chômeur)이라고 주장하고 있다. 이에 대한 자세한 비판은 김영희(1988 : 37 ~79)참조.

에 '에'나 '에서'등과 같은 처소격 조사는 나타날 수 없는 반면에 왜 '을'이 실현되며 이때 '을'의 통사, 의미론적 기능이 무엇인지를 설명해 주지 못하기 때문이다.

이상과 같은 물음에 대한 명확한 해명이 없는 한 Shibatani(1976), Chun (1985)의 소유자 인상(possessor ascension) 이론은 그 타당성을 인정받을 수 없는 것이다.

(1)과 같은 겹목적어 구문에 실현된 '을'에 대한 기존의 논의 중 또 다른 하나는 Kang(1986)이다. Kang(1986 : 102 -113)에서는 영가설(null hypothesis)을 적용하여 이행자(patient) 의미역을 갖는 선행(전체) 명사구(container NP)와 처소(location) 의미역을 갖는 후행(부분) 명사구(body part NP)가 비상태성 동사([-stative]V°)의 자매항으로서 기저 생성(base-generated)되므로 자신이 제안한 대격 할당 원리(Kang(1986 : 50))로 '을'의 실현 현상을 설명할 수 있다고 주장하고 있다.

Kang(1986)이 상정한 (1)과 같은 구문들의 기저 구조(D-구조)는 다음 (6)과 같다.(Kang(1986 : 107))

```
(6)          V''[2]
            /   \
         NP       V'
         |      / | \
        철수    NP  NP  V
                |   |   |
                |   |   |
               영이  손  잡았다
```

Kang(1986 : 107)에 따르면 (6)에서 비상태성 동사 '잡았다'의 자매항으로 기저 생성된 이행자(patient) 의미역을 가진 '영이'와 처소(location) 의미역을 가진 '손'에 대격 표지 '을'이 구조적으로 할당되어 (1)과 같은 겹목적어 구문이 되었다는 것이다.

Kang(1986)에서 후행 '을'실현 명사구, 즉 '손'의 의미역을 처소(location)로 상정하고 이행자(patient)로 볼 수 없었던 것은 선행 명사구 '영이'의 의미역이 이행자(patient)이기 때문에 두 명사구 모두가 동일 의미역을 가질 수가 없기 때문이다.

한 문장에 두 개의 논항 명사구가 동일 의미역(θ-role)을 가지게 되면 Chomsky(1981 : 36)의 의미역 기준(θ-criterion)[3]에 따라 비문법

---

2) Kang(1986 : 2)은 Whitman(1984)의 머리어 매개변항 B(Head parameter B)에 따라 영어와는 달리 국어나 일본어의 문장의 머리어(head)는 동사(V)로 보고 있다.

3) 각 논항은 반드시 단 하나의 의미역(θ-role)을 할당받아야 하며 각 의미역은 반드시 단 하나의 논항에 할당되어야 한다. (Each argument bears one and only one θ-role, and each θ-role is assigned to one and only one argument) (Chomsky(1981 : 36))

적인 문장이 되기 때문이다.

여기서 문제가 되는 것은 Kang(1986)이 Kuno의 개인적인 제안에 따랐다는 '을'이 실현된 후행(부분) 명사구 '손을'에 대한 해석이다.

즉 (1)과 같은 문장에 선행(전체) 명사구 즉 '영이를'은 진정한 목적어이고 후행(부분)명사구 즉 '손을'은 '의사-처소-부사(pseudo-Iocative-adverbial)로 진정한 목적어가 아니라는 것이다. 이 같은 Kang(1986)의 견해는 김영희(1988:48), 이광호(1988 : 154)에서 비판된 바와 같이 국어를 모국어로 하는 우리들의 언어적 직관이나 많은 언어학적 이론들로 미루어 볼 때 전혀 받아 들일 수 없는 주장이다.

먼저 Kang(l986)의 자체적 모순은 (6)에서 비상태성 동사 '잡았다'에 의해 대격을 할당받은 후행 명사구 '손'이 왜 대격을 할당받았음에도 불구하고 진정한 목적어가 아닌가 하는 점이다.

또 비록 Kang(1986)의 주장처럼 후행 명사구 '손을'을 '의사-처소-부사'로 인정한다손 치더라도 왜 목적어가 아닌 '의사-처소-부사'에 '을'이 할당되는가 하는 의문이 남게 되고 또 그렇게 할당된 '을'은 과연 무엇인가 하는 또 다른 의문이 남게 된다.

다음으로 (1)과 같은 이른바 소속 관계 겹목적어 구문에 대한 임홍빈(1972 -1987), 이광호(1988)의 '을'주제화 설을 검토해 보자.

(7) ㄱ. ㄴ.

```
ㄱ.                                          ㄴ.
                S                                          S
           /        \                                 /        \
      NP              VP                         NP              VP
      |             /     \                      |             /     \
    철수가     NP          V                    철수가     NP          V
             [+obj]        |                             [+obj]        |
              /  \        잡-                             /  \        잡-
           NP      K                                   NP      K
          /  \   [+obj]                               /  \    [+obj]
      NP      N′    |                              NP      N′    |
    [+gen]    |     을                            [+gen]    |     을
     /  \     손                                   /  \     손
  TOP     NP                                    TOP     NP
   |    [+gen]                                   |    [+gen]
   |     /   \                                  NP      NP
  NP  NP      K                                  |       |
   |   |   [+gen]                              영이를     e
   |   |      |                                  i       i
   e  영이     의
```

이광호(1988 : 141)는 (2)와 같은 구문의 통사 구조를 (7 ㄱ)과 같이 상정하고 여기서 속격 명사구가 대격 '을'주제화에 따라 (7 ㄴ)으로 나타나게 되는데 이는 곧 (1)의 통사 구조라는 것이다.

이와 같은 임홍빈(1972-1987) , 이광호(1988)의 '을'주제화 이론은 이미 앞에서 여러 차례 여러 가지 문제점들을 지적하였기 때문에 여기서는 간략하게 논의하기로 한다.

첫째, 이광호(1988)는 (2 ㄱ), 즉 (7 ㄱ)이 대격 '을'주제화가 되어 (1 ㄱ), 즉 (7 ㄴ)이 되었다는 주장인데 도대체 '을'주제화와 대격 '을'주제

화는 어떻게 다른가? 우리의 안목으로는 대격 '을'주제화는 결국 대격을 인정하는 것으로 밖에 볼 수 없다.

둘째, (1)에서 대격 '을'주제화가 되어 주제 표지 '을'이 실현된 명사구가 갖는다는 '을'주제화 의미인 '비대조적 대립', '언급 대상성', '특정성', '동적 세계 파악'등의[4] 의미 특성은 다음 (8)과 같이 주제화되지 않은 후행(부분) 명사구도 갖는 의미이다.

(8) ㄱ. 철수가 손을 잡았다.
ㄴ. 순이가 가지를 꺾었다.
ㄷ. 엄마가 머리를 깎았다.
ㄹ. 개가 손을 물었다.
ㅁ. 철수가 다리를 고쳤다.

(8)의 '을'실현 명사구는 모두 '비대조적 대립', '언급 대상성', '특정성'등의 의미 특성을 갖는 것으로 파악되고 있다. 그렇다면 '비대조적 대립', '언급 대상성', '특정성' 의 의미 특성은 '을'주제화에 따른 의미가 아니지 않는가?

셋째, (2)의 문장이 대격 '을'주제화가 되어 (1)의 문장이 되었다면 (3) ~(5)(ㄱ)은 왜 대격 '을'주제화가 되지 않는가?

4) 임홍빈(1972-1987), 이광호(1988)는 '을'주제화의 의미 특성을 설명하면서 주제 표지 '을'이 의미 부담어로서 '비대조적 대립', '언급 대상성', '특정성', '동적 세계 파악'이라는 의미 특성을 가지는 것으로 보고 있으나 '을'주제화 의미 특성을 인정한다하더라도 사실은 그와 같은 의미는 주제 표지 '을'이 가진다기보다는 '을'실현 명사구가 가지는 의미로 보아야 한다.

넷째 이광호(1988)의 주장대로 (7 ㄴ)의 공범주(empty category) 자리에 복귀 대명사(resumptive pronoun)가 채워지면 적격한 문장이 되는데 비해 (7 ㄱ)의 공범주 자리에는 왜 복귀 대명사가 채워질 수 없는가 하는 의문이다. 실제 통사론적으로 (7 ㄱ)의 공범주 설정이 인정될 수 없는 것은 공범주는 선행사로부터 성분 통어(c-command)가 되어야 하는데 (7 ㄱ)의 공범주는 이를 어기고 있기 때문이다.

지금까지 우리는 (1)과 같은 이른바 소속 관계 겹목적어 구문에 실현된 두 명사구의 '을'에 대한 기존의 논의들을 검토해 봤다.

우리는 (1)의 소속 관계 구문 모두를 이행성 문장으로 보고 두 명사구에 실현된 '을'을 의미 층위 상에 그 문장의 이행성을 표시해 주는 이행성 표지로 본다. 이 같은 견해는 이미 (1)과 같은 겹목적어 구문을 다룬 바 있는 김영희(1988 : 76~78)에서 제안되었던 것으로 아직 구체적이고 상세한 연구가 이루어지지 못한 상태다.

그럼 먼저 (1)의 문장들이 이행성 문장인지를 Hopper/Thompson(1980)의 이행성 변항에 의거 확인해 보자. 첫째 (1)의 문장들은 모두 참여항이 셋인 문장들로서 동사로 표현된 행위의 영향을 받는 명사구가 둘인 문장이다. 둘째 '잡다', '꺾다', '깎다', '물다', '고치다' 등의 동사들은 모두 동작성 동사들로서 동작 행위의 영향이 쉽게 이행자 명사구에 전이될 수 있다. 셋째 주어로 선택된 행동주 명사구가 유정성(animate) 명사로서 잠재 행위성이 높은 문장이고 넷째 (1)의 문장들의 서술어는 어간에 다음과 같이 '-려고 하다'의 연결이 가능하므로 동사로 표현된 행위가 행동주의 의도성 행위로 볼 수가 있다.

(9) ㄱ. 철수가 영이를 손을 잡으려고 했다.
ㄴ. 순이가 나무를 가지를 꺾으려고 했다.
ㄷ. 엄마가 아들을 머리를 깎으려고 했다.
ㄹ. 개가 아기를 손을 물려고 했다.
ㅁ. 철수가 책상을 다리를 고치려고 했다.

다섯째 동사로 표현된 행위의 영향이 '을'이 실현된 목적어 명사구 전체에 미치고 있으므로 (1)의 문장들은 모두 이행성이 높은 문장이다.

이상에서 살펴본 바대로 (1)과 같은 이른바 겹목적어 구문들은 '을' 실현의 의미론적 조건이 되는 이행성 문장임이 확인되었으므로 이제 (1)의 문장들이 '을'실현의 통사적 조건을 충족시키고 있는지를 검토해 보자.

먼저 (1)과 같은 문장들의 통사 구조는 다음 (10)과 같이 나타낼 수 있다.

(10)
```
              S
            /   \
         NP1      VP
          |     /     \
      철수가  NP2        V′
               |       /  \
            영희를  NP3    V
                      |     |
                    손을   잡았다
```

(1)의 문장들을 (10)과 같은 나무 그림으로 그 통사 구조를 설정하는 근거는 (10)의 VP 구성 성분과 V' 구성 성분들이 각각 다음 (11),(12)와 같이 접속문의 후행절에서 대동사 '그리하다'로 대치가 가능하기 때문이다.

(11) ㄱ. 철수가 영이를 손을 잡았고 영수도 그리했다.
ㄴ. 순이가 나무를 가지를 꺾었고 영이도 그리했다.
ㄷ. 엄마가 아들을 머리를 깎았고 아버지도 그리했다.
ㄹ. 개가 아기를 손을 물었고 고양이도 그리했다.
ㅁ. 철수가 책상을 다리를 고쳤고 영수도 그리했다.

(12) ㄱ. 철수가 영이를 손을 잡았고 영수는 순이를 그리했다.
ㄴ. 순이가 나무를 가지를 꺾었고 영이는 꽃을 그리했다.
ㄷ. 엄마가 아들을 머리를 깎았고 아버지는 딸을 그리했다.
ㄹ. 개가 아기를 손을 물었고 고양이는 어른을 그리했다.
ㅁ. 철수가 책상을 다리를 고쳤고 영수는 의자를 그리했다.

그리고 (1)의 문장들의 통사 구조를 (10)과 같이 상정하는 또 다른 통사적 근거는 뒤섞기(scrambling) 현상이다. 일반적으로 국어에서 서술어를 제외한 동일 계층의 문장 구성 성분들은 쉽게 뒤섞기가 가능한데 (1)의 '을'실현 두 명사구는 뒤섞기를 적용하였을 때 다음과 같이 비문이 됨으로써 두 명사구가 계층 구조를 달리하는 문장 성분임을 시사하고 있다.

(13) ㄱ. *철수가 손을 영이를 잡았다.

ㄴ. *순이가 가지를 나무를 꺾었다.

ㄷ. *엄마가 머리를 아들을 깎았다.

ㄹ. *개가 손을 아기를 물었다.

ㅁ. *철수가 다리를 책상을 고쳤다.

이렇게 볼 때 제2장 2.5.절의 (35)로 기술된 '을'실현의 통사론적 조건에 따라서 동사의 자매항인 명사구 '손'과 동사구(V')의 자매항인 '영이'에 '을'이 실현되었으므로 우리가 제안한 '을'실현의 의미, 통사론적 조건을 모두 충족시키고 있음이 확인된다.

4.3. 수여 동사 구문

국어에 '을'이 실현된 성분이 거듭 나타나는 문장 유형 중의 하나가 바로 다음 (14)와 같은 수여 동사(dative verb)구문이다.

(14) ㄱ. 지성이가 동길이를 책을 주었다.

ㄴ. 아들이 어머니를 돈을 드렸다.

ㄷ. 영이가 개를 밥을 주었다.

ㄹ. 철수가 나무를 물을 주었다.

(이광호(1988 : 225)는 (14)와 같은 수여 동사 구문의 특징은 도달격(Goal)[5]의 의미역을 가진 여격 명사구에 (14)와 같이 대격 표지 '을'이 실현될 수도 있고 다음 (15)와 같이 여격 조사 '에게'가 실현될 수도 있으며 또 (16)과 같이 여격 조사 '에게'가 실현된 뒤에 다시 대격 표지 '을' 이 통합될 수도 있다는 것이다.

(15) ㄱ. 지성이가 동길이에게 책을 주었다.
ㄴ. 아들이 어머니께 돈을 드렸다.
ㄷ. 영이가 개에게 밥을 주었다.
ㄹ. 철수가 나무에 물을 주었다.

(16) ㄱ. 지성이가 동길이에게를 책을 주었다.
ㄴ. 아들이 어머니께를 돈을 드렸다.
ㄷ. 영이가 개에게를 밥을 주었다.
ㄹ. 철수가 나무에를 물을 주었다.

우리의 관심은 동일한 의미역(θ-role)을 가진 여격 명사구에 왜 (14)와 같이 이른바 대격 표지 '을'이 실현되기도 하고 또 (15)와 같이 여격 조사 '에게'가 실현되기도 하며 또 (16)과 같이 여격 조사 '에게'에 이른바 대격 표지 '을'이 통합, 실현되는가 하는 것이다.

격이론(Case theory)의 입장에서 보면 대격 표지 '을'은 문법적 기

---

5) Fillmore(1971: 12-13)에서는 도달격(Goal), 김영희(1973 : 41-48)에서는 수여격(Dative), Kang(1986 : 112)에서는 수혜격(Recipient)이다.

능(grammatical function)을 하는 구조격 표지(structural Case marker)로서 일반적으로 목적어 명사구에 실현되는 것으로 인식되어 왔다.

그런데 (14)와 (16)의 여격 명사구에 실현된 '을'은 목적어를 표시하는 대격 표지로 보기는 어렵다. 왜냐하면 타동사의 지배(government)를 받는 논항 명사구가 이미 대격을 할당받아 대격 표지 '을'이 실현된 상태로 (14)와 (16)의 문장에 나타나 있기 때문이다.

이와 같은 (14)와 (16)의 여격 명사구에 실현된 '을'에 대한 기존의 논의는 크게 둘로 갈라진다.

첫째 (14)와 같이 여격 명사구에 여격 조사 '에게'가 실현되지 않고 이른바 대격 표지 '을'만이 실현된 구문을 겹목적어 구문으로 보고 '을'이 실현된 명사구 모두를 진정한 목적어로 인정하는 견해와 둘째 (16)과 같이 여격 조사 '에게'가 실현된 여격 명사구에 다시 통합, 실현된 '을'을 '비대조적 대립'과 '언급 대상성', '특정성'의 의미를 지닌 주제 표지로 보는 것이다.

전자와 같이 (14)에 실현된 '을'을 모두 대격 표지로 보는 견해로는 성광수(1974), Kang(1986), 김영희(1988) 등이 있고 (14), (16)의 여격 명사구에 실현된 '을'을 주제화 첨사로 보는 견해로는 임홍빈(1972~1987), 이광호(1988)가 있다. 특히 이광호(1988)는 (16)의 여격 명사구의 여격 조사 '에게'가 수의적으로 삭제될 수 있는데 삭제가 되면 곧 (14)의 구문이 된다고 설명하고 있다.

여기서 우리의 견해를 먼저 밝힌다면 우리는 (14), (16)과 같은 수여 동사 구문에 실현된 '을'의 주된 기능은 의미 층위 상으로 그 문장이 이행성 문장(transitive sentence)임을 표시하는 이행성 표지(transitive marker)라고 본다. (14), (16)의 문장은 주어로 선택된 행위자의 동사로 표현된 동작의 영향이 이행성 표지 '을'이 실현된 이행자(patient) 명사구들에 미치고 있음을 확인할 수 있기 때문이다. 다만 이와 같은 이행성 표지 '을'은 통사론적으로 때로 대격 표지 기능을 한다는 것이 우리의 기본 입장이다.

그럼 먼저 기존의 논의들을 검토하여 보자.

(14)의 여격 명사구에 실현된 '을'을 대격 표지로 보고 있는 견해 가운데 성광수(1974), 김영희(1988)에서는 '을'실현 명사구 모두가 동사의 목적어임을 주장하면서도 어떻게 대격 표지 '을'이 할당(assignment)되었는지를 구체적으로 설명하고 있지 않기 때문에 우리는 Kang(1986)의 주장을 검토하기로 한다.

Kang(1986 : 110~113)에서는 (14)와 같은 겹목적어 구문의 두 명사구 모두가 다음 (17)의 나무 그림과 같이 여격 동사의 자매항으로 모두 기저 생성(base-generated)된다고 주장하고 있다.

(17)
```
              S[6)]
             /   \
           NP      VP
           |     / | \
       지성이 NP NP  V
               |  |  |
            동길이 책 주었다.
```

Kang(1986)에 따르면 자신의 대격 할당 원리, 즉 비상태성 동사([-stative]V°)의 자매항 명사구에 대격이 할당되므로 (17)에서 동사 '주었다'의 자매항 교점에 매달린 두 명사구 즉 '동길이'와 '책'에 대격이 할당된다는 주장이다. 그런데 여기서 한 가지 문제점은 영어와 같은 인구어에서는 타동사의 하위 범주화된 명사구로서 동사와 인접한 오직 하나의 명사구에 대격이 할당되는데 Kang(1986)의 이와 같은 주장을 받아들인다면 비상태성 동사의 자매 명사구들은 하나의 동사로부터 두 개의 명사구가 대격을 할당받을 수 있다는 특별한(ad hoc) 통사 규칙을 인정해야 하는 문제가 생긴다는 것이다.

---

6) Kang(1986: 111)에서는 (17)의 나무 그림 외에도 다음과 같은 나무 그림도 동시에 기저 생성(base generated)된다고 한다.
```
              S
             /   \
           NP      VP
           |     / | \
       지성이 NP  NP  V
               |   |   |
              책 동길이 주었다
```

그리고 수여 동사 구문에 실현된 '을'과 관련하여 Kang(1986)이 부딪히는 가장 심각한 문제는 (16)과 같이 여격 조사 '에게'에 통합, 실현되는 '을'을 어떻게 설명하느냐 하는 것이다. 이 같은 문제는 Kang(1986)에서 논의조차 하지 않았고, 또 (16)의 여격 명사구는 (14)의 여격 명사구와는 달리 여격 조사가 실현된 명사구를 동사의 목적어로 볼 수는 없기 때문에 Kang(1986 : 50)의 대격 할당 원리로는 설명이 불가능하다.

다음으로 임홍빈(1972~1987), 이광호(1988)의 '을' 주제화설을 검토해 보자.

임홍빈(1972~1987)과 이광호(1988)의 견해는 이광호(1988)가 임홍빈(1972~1987)의 입장을 거의 그대로 수용한 것이기 때문에 이광호(1988)만을 검토하기로 한다.

이광호(1988 : 216~229)에 따르면 (15)의 여격 명사구가 '을'주제화가 되어 주제 표지 '을'이 실현된 구문이 (16)이고 (16)의 여격 조사 '에게'가 수의적으로 삭제된 구문이 (14)라는 것이다. 그러므로 (14)의 여격 명사구에 실현된 '을'은 '비대조적 대립'과 '언급 대상성' 그리고 '특정성'의 의미 특성을 가진 주제 표지라는 것이 이광호(1988)의 논지다.

그런데 이미 앞에서 여러 번 지적한 바대로 '을'주제화는 첫째 '을'주제화된 성분의 의미 특성과 '을'주제화되지 않은 대격 표지 '을'이 실현된 성분이 가지는 의미 특성과의 변별이 전혀 되지 않으므로 '을'주제화의 의미 특성을 인정할 수가 없고 둘째 여격 명사구 구문에서도 '을'주제화 공범주 설정은 공범주와 선행사(주제화되는 명사구)와의 성분통어(c-command)관계가 성립되지 않으므로 임의적이고 통사론적으로 인정될 수 없기 때문에 '을'주제화 이론을 우리는 인정하지 않는다.

또 이광호(1988)의 '을'주제화 논리대로라면 당연코 삭제될 수 있는 여격 조사 '에게(에)'가 다음 (18) - (19)와 같은 문장에서는 삭제가 될 수 없다.

(18) ㄱ. 그는 회사에 차를 기증하였다.
ㄴ. 그는 회사에를 차를 기증하였다.
ㄷ. *그는 회사를 차를 기증하였다.

(19) ㄱ. 철수가 집에 돈을 주었다.
ㄴ. 철수가 집에를 돈을 주었다.
ㄷ. *철수가 집을 돈을 주었다.

(18, 19)(ㄱ)의 여격 명사구가 '을'주제화가 되어 (18, 19)(ㄴ)이 되고 여기서 여격 조사 '에'가 삭제되면 (18, 19)(ㄷ)이 되는데 실제 (18, 19)(ㄷ)은 비문이다. 이에 대해 이광호(1988 : 228~229)는 여격 명사구의 '을'주제화는 여격 명사구가 유정성(animate) 명사여야 한다는 의미론적 제약이 있다고 주장했다. 그러나 그러한 의미론적 제약을 설정하는 것 자체가 '을'주제화 이론의 일반성을 의심케 하는 근거가 된다.

이제 Hopper/Thompson (1980)의 이행성 변항에 의거 (14) 문장들의 이행성 여부를 확인해 보자.

첫째 (14)의 문장들은 수여 동사 '주다'의 의미 특성에 따라 참여항 수가 반드시 세 개인 문장으로 '을'이 실현된 두 개의 명사구가 모두 수여 동사로 표현된 행위의 영향을 받는 이행성 문장이다. 둘째 수여 동사 '주다', '기증하다', '드리다', '수여하다' 등의 동사들은 그 의미 특성상 모두 동작성 동사로서 이행성이 높은 문장을 구성할 수 있다. 셋째 (14), (16)의 수여 동사 구문들은 주어로 선택된 행동주 명사구의 행위가 다음과 같이 '-려고 하다'를 연결하여 볼 때 의도성 행위로 볼 수 있기 때문에 이행성이 높은 문장임을 확인할 수 있다.

(20) ㄱ. 지성이가 동길이를 책을 주려고 했다.
ㄴ. 아들이 어머니를 돈을 드리려고 했다.
ㄷ. 영이가 개를 밥을 주려고 했다.
ㄹ. 철수가 나무를 물을 주려고 했다.

넷째 (14), (16)의 수여 동사 구문들은 동사로 표현된 행위의 영향이 이행성 표지 '을'이 실현된 두 개의 명사구에 전체적으로 미치고 있으므로 이행성이 높은 문장이다. 다섯째 (14), (16)의 주어로 선택된 행동주 명사구들은 모두 유정성(animate) 명사들이므로 이행성이 높은 문장이 될 수 있다. 이상의 사실들로 보아 (14), (16)의 수여 동사 구문들은 모두 이행성 문장임이 확인되었다. 그럼 (14), (16)에 실현된 '을'이 우리가 제안한 '을'실현의 통사론적 조건을 충족시키는지 이를 검증해 보자.

먼저 (14)의 통사 구조를 우리는 다음 (23)과 같이 상정한다.

```
(21)          S
            /     \
        NP1        VP
         |       /  |  \
    지성이  NP2  NP3   V
               |     |    |
         동길이   책   주었다.
```

우리가 (14)와 같은 수여 동사 구문의 통사 구조를 (21)과 같은 나무 그림으로 설정하는 통사적 근거는 첫째 다음 (22)의 예문과 같이 접속문 구성에서 후행절의 주어 명사구를 제외한 나머지 성분들이 모두 대동사 '그리하다'로 대치가 됨으로 그 성분 모두가 동사구 성분임을 입증하고 있다.

(22) ㄱ. 지성이가 동길이를 책을 주었고 지은이도 그리했다.
ㄴ. 아들이 어머니를 돈을 드렸고 딸도 그리했다.
ㄷ. 영이가 개를 밥을 주었고 순이도 그리했다.
ㄹ. 철수가 나무를 물을 주었고 영수도 그리했다.

둘째 (14)의 '을'실현 명사구들은 다음 (23)과 같이 서로 뒤섞기(scrambling)가 가능한데 이는 곧 두 '을'실현 명사구가 동일 계층의 구성 성분임을 시사해 주기 때문이다.

(23) ㄱ. 지성이가 책을 동길이를 주었다.
ㄴ. 아들이 돈을 어머니를 드렸다.

ㄷ. 영이가 밥을 개를 주었다.

ㄹ. 철수가 물을 나무를 주었다.

그럼 이제 (21)의 나무 그림을 보자.

먼저 수여 동사 '주었다'의 두 자매 명사구 NP_2 즉 '동길이'와 NP_3 즉 '책'에 이행성 표지 '을'이 실현되었으므로 '을'실현의 통사론적 조건을 충족시키고 있음이 확인된다. 특히 (14)와 같은 세 자리 서술어인 수여 동사 구문의 여격 명사구와 [이행자] 의미역의 목적어 명사구에 '을'이 거듭 실현될 수 있는 것은 첫째 수여 동사 구문이 이행성 문장으로서 통사, 의미론적으로 동사로 표현된 행위의 영향을 여격 명사구와 목적어 명사구 모두에 끼칠 수 있고 둘째 (14)와 같은 수여 동사 구문들은 나무 그림 (21)를 통해서 알 수 있는 바와 같이 두 명사구 모두가 통사론적으로 동사의 자매항이기 때문이다.

4.4. 셈숱화 구문

김영희(1984 : 13)에 따르면 국어 셈숱화 구문은 크게 문장 셈숱화 구문과 명사 셈술화 구문으로 나누어지고 명사 셈술화 구문은 다시 수식적 셈숱화 구문과 서술적 셈숱화 구문으로 나눌 수 있다.[7] 이 절에서는 명사 셈숱화 구문가운데 셈술말과 묶기관계에 있는 선행 명사구와 셈숱말이나 혹은 [셈숱말의 관형형+단위지칭 명사]로 구성된 후행 명사구에 이른바 대격 표지 '을'이 각각 실현된 다음 (24)와 같은 유형의 문장을 다루게 된다.

(24) ㄱ. 동길이가 사과를 세 개를 먹었다.
ㄴ. 김선생님이 학생을 두 명을 만났다.
ㄷ. 철수가 집을 셋을 팔았다.
ㄹ. 그는 떡을 둘을 먹었다.

(24)와 같은 구문에 대해 임홍빈(1972, 1978), 성광수(1979), 김영희 (1988)에서는 '을'이 실현된 두 명사구 모두를 목적어로 인정하여 겹목적어 구문으로 보고 있고 이광호(1988)에서는 셈숱말 명사구는 목적어로서 이때의 '을'은 대격 표지이나 이 셈숱말 명사구에 선행하는 명사구의 '을'은 대격 '을'주제화에 의한 주제 표지로 보고 있다.

그러나 (24)의 '을'실현 두 명사구 모두를 임홍빈(1972, 1979), 성광수(1979), 김영희(1988)와 같이 목적어로 인정하는 것도 셈숱말 명사구는

---

7) 셈숱화 구문의 통사론적 유형 (김 영 희 (1984 : 13))

- 셈숱화
  - 문장 셈숱화
  - 명사 셈숱화
    - 서술적 셈숱화
    - 수식적 셈숱화
      - 부류 셈숱화
      - 보통 셈숱화

송창선(2009)이 지적한 것과 같이 피동문 되기에서 주어로 나서기를 할 수 없는 문제가 있고 또 이광호(1988)와 같이 선행 명사구에 실현된 '을'을 대격 '을'주제화에 의한 주제 표지로 보는 것도 더욱 문제가 많다.

먼저 임홍빈(1972. 1979) 성광수(1979) 김영희(1988)의 겹목적어설을 검토해 보자.

첫째 (24)의 각 문장에 있어서 '을'이 실현된 두 개의 명사구가 모두 진정한 목적어이고 또 두 개의 명사구에 실현된 '을'이 모두 대격 표지라면 통사론적으로 두 명사구에 실현된 '을'이 격이론(Case theory)에 따라 어떻게 할당되었는지를 설명할 수 있어야 한다. 그러나 Chomsky(1981 : 70)를 비롯한 Yim(1984 : 53), Han(1987 : 45), 임홍빈(1987 : 32)의 대격 할당 원리로는 (24)의 '을'의 실현 양상을 설명할 수가 없다. 왜냐하면 하나의 대격 할당자(동사)가 동일 문장에서 동일한 격, 즉 목적격을 두 개의 명사구에 거듭 할당한다는 것은 통사론적으로 설명하기가 곤란하기 때문이다.

둘째 국어 목적어 명사구의 일반적인 통사 특성은 피동문 되기에서 주어로 나서기(advancement)를 할 수가 있는 것으로 알려져 있다(송창선(2009)).

그러나 (24)의 셈숱말 명사구는 (25)와 같이 피동문 되기에서 주어로 나서기를 할 수가 없다.

(25) ㄱ. *세 개가 동길이에 의해 사과가 먹히었다.
ㄴ. *두 명이 김선생님에 의해 학생이 만나지었다.
ㄷ. *셋이 철수에 의해 집이 팔렸다.
ㄹ. *둘이 그에 의해 떡이 먹히었다.

반면에 선행 명사구는 다음 (26)과 같이 피동문 되기에서 주어로 나서기가 가능하다.

(26) ㄱ. 사과가 동길이에 의해 세 개가 먹히었다.
ㄴ. 학생이 김선생님에 의해 두 명이 만나지었다.
ㄷ. 집이 철수에 의해 셋이 팔렸다.
ㄹ. 떡이 그에 의해 둘이 먹히었다.

이상과 같은 (24)의 각 문장에서 '을'이 실현된 두 명사구들의 통사론적 특성을 고려할 때 두 명사구 모두를 목적어로 인정할 수 없다는 것을 우리는 확인했다.

다음으로 이광호(1988)의 대격 '을'주제화에 대해 살펴보자.

이광호(1988)는 (24)의 각 문장에 있어서 셈술말을 선행하는 명사구의 대격 표지 '을'은 대격 '을'주제화에 따른 주제 표지고 후행하는 셈숱말 명사구의 '을'은 동사에 의해 할당된 대격 표지라고 주장하고 있다.[8)]

---

8) 이광호(1988 : 169 ~171)는 다음 (가)와 같은 셈숱화 구문이 대격 '을'주제화가 되어 (나)와 같은 구문들이 된다고 주장하고 있으나 (나)의 문장들은 모두 비문들이다. 임홍빈(1979 : 110)에서도 (나)의 문장들은 비문으로 보고 있다.

(가) ㄱ. 동길이가 세 개의 사과를 먹었다.
ㄴ. 김선생님이 두 명의 학생을 만났다.
ㄷ. 사장이 절반의 사원을 파면했다.
ㄹ. 한샘이가 대부분의 친구를 만났다.

(나) ㄱ. *동길이가 세 개를 사과를 먹었다.
ㄴ. *김선생님이 두 명을 학생을 만났다.
ㄷ. *사장이 절반을 사원을 파면했다.
ㄹ. *한샘이가 대부분을 친구를 만났다.

그런데 이광호(1988)의 주장대로라면 (24)의 선행 명사구는 목적어 명사구가 아니어야 한다. 그러나 우리가 앞서 검증한 피동문 되기에서의 주어 나서기와 같은 국어 목적어 명사구의 일반적 속성을 고려할 때 선행 명사구는 목적어 명사구임이 분명하고 이광호(1988)가 목적어 명사구로 주장한 후행 셈숱말 명사구는 목적어 명사구가 아님이 분명하다. 그럼에도 불구하고 이광호(1988)는 (24)의 선행 명사구들이 주제화된 명사구라는 주장만 하고 목적어 명사구로 볼 수 없는 아무런 통사적 근거를 제시하지 못하고 있다. 뿐만 아니라 선행 명사구의 '을'이 '을'주제화에 의한 주제 표지라는 주장을 하면서도 사실상 이때 '을'주제화는 대격 '을'주제화로 주제 표지 '을'이 동사에 의해 할당된다는 주장(이광호(1988 : 175))을 함으로써 (24)의 선행 머리 명사구의 '을'이 주제 표지가 아닌 대격 표지임을 사실상 인정하고 있다.

또 이미 여러번 지적한 바와 같이 의미론적으로 '을'주제화가 갖는다는 '비대조적 대립', '언급 대상성', '특정성'의 의미 특성은 이광호(1988)가 목적어 명사구로 인정한 후행 셈술말 명사구도 가지는 의미 특성으로 주제화된 명사구와 주제화되지 않은 명사구의 의미론적 차이가 분명하지 않고 또 통사론적 근거가 불분명하다면 이광호(1988)의 '을'주제화 이론은 인정받기가 어렵다.

(24)의 각 문장에 실현된 '을'을 우리는 그 문장이 이행성 문장임을 보여주는 이행성 표지로 본다.

그럼 먼저 (24)의 문장들이 이행성 문장인지를 Hopper/Thompson(1980)의 이행성 변항에 따라 확인해 보자.

첫째 (24)의 각 문장들은 참여항이 둘이고 부가항이 하나인 문장이고 둘째 각 문장의 서술어가 동작성 동사 구문으로 이행성 문장이 될 수가 있고 셋째 주어로 선택된 명사구가 유정성(animate) 명사들이고 넷째 동사로 표현된 행동주의 행위가 의도성 행위로 볼 수 있으며 다섯째 '을'이 실현된 명사구들이 동사로 표현된 행위의 영향을 전체적으로 받고 있으므로 (24)의 문장들이 모두 이행성 문장임이 확인된다. 그렇다면 (24)의 각 문장들에 실현된 '을'이 우리가 제안한 조사 '을'실현의 통사론적 조건을 충족시키는지 검토하여 보자.

(24 ㄱ)의 통사 구조를 나무 그림으로 표시하면 다음 (31)과 같이 될 것이다.

```
(27)          S
            /   \
          NP     VP
          |     /   \
     동길이가  NP      V'
               |     /  \
           사과를  NP     V
                   |     |
               세 개를    먹었다
```

우리가 (24)의 통사 구조를 (27)과 같이 상정하는 근거는 첫째 (25)를 통해 알 수 있는 바와 같이 (24)의 선행 '을'실현 명사구가 피동문 되기에서의 주어로 나서기가 가능하므로 동사구 구성 성분인 목적어 명사구임이 판명되었고 둘째 다음 (28)과 같이 접속문 구성에서 후행절의 주어 명사구 이외 성분들이 모두 대동사 '그리하다'로 대치가 되므로 그 성분들이 모두 동사구 성분임이 확인되기 때문이다.

(28) ㄱ. 동길이가 사과를 세 개를 먹었고 한샘이도 그리했다.
ㄴ. 김선생님이 학생을 두 명을 만났고 박선생님도 그리했다.
ㄷ. 철수가 집을 셋을 팔았고 영수도 그리했다.
ㄹ. 그는 떡을 둘을 먹었고 그 아내도 그리했다.

셋째 (24)의 통사 구조를 (27)과 같이 설정하는 또 다른 근거는 (24)의 두 '을'실현 명사구가 다음 (29)와 같이 뒤섞기(scrambling)가 불가능한데 이는 곧 두 명사가 (27)과 같이 계층 구조를 달리함을 시사해 주기 때문이다.

(29) ㄱ. *동길이가 세 개를 사과를 먹었다.
ㄴ. *김선생님이 두 명을 학생을 만났다.
ㄷ. *철수가 셋을 집을 팔았다.
ㄹ. *그는 둘을 떡을 먹었다.

나무 그림 (27)에서 동사 '먹었다'의 자매항인 '세 개'에 '을'이 실현되고 동사구 V'의 자매항인 '사과'에 '을'이 실현되었으므로 (24)의 '을'실현 현상은 모두 우리가 제안한 '을'의 실현 조건을 충족시키고 있음이 확인된다.

특히 (24)와 같은 셈숱화 구문에서 목적어 명사구와 셈숱말 명사구에 '을'이 거듭 실현될 수 있는 것은 (24)와 같은 문장들이 이행성 문장으로 동사로 표현된 행위의 영향을 받는 두 명사구, 즉 목적어 명사구와 셈숱말 명사구가 별개의 다른 사물이 아닌 동일 대상이고 또 '을'이 실현된 두 명사구가 모두 동사와 동사구(V')의 자매항이기 때문이다.

4.5. '하다' 동사 구문

이른바 대격 표지 '을'이 실현된 명사구가 거듭 나타날 수 있는 이른바 겹목적어 구문 유형중의 또 다른 하나가 바로 다음과 같은 '하다' 동사 구문들이다.

(30) ㄱ. 동길이가 영어를 공부를 했다.
ㄴ. 돌이가 민속을 연구를 했다.
ㄷ. 한샘이가 영화를 구경을 했다.
ㄹ. 의사가 환자를 진료를 했다.

(30)과 같은 '하다' 동사 구문의 통사적 특성은 두 번째 '을'이 실현된 명사가 동작성 명사로서 '하다' 동사와 합쳐서 다음 (31)과 같이 단일 동사를 구성할 수도 있고 또 그렇게 구성된 (31)의 문장들은 (30)의 문장들과 각각 동의 관계를 이루고 있다는 것이다.[9)]

(31) ㄱ. 동길이가 영어를 공부했다.

---

9) 김영희(1988 : 81)에서는 (30), (31)과 동의 관계를 맺고 있는 또 다른 구문으로 다음과 같은 복합 명사구 구문을 제시 했다.
ㄱ. 동길이가 영어 공부를 했다.
ㄴ. 돌이가 민속 연구를 했다.
ㄷ. 한샘이가 영화 구경을 했다.
ㄹ. 의사가 환자 진료를 했다.

ㄴ. 돌이가 민속을 연구했다.

ㄷ. 한샘이가 영화를 구경했다.

ㄹ. 의사가 환자를 진료했다.

그런데 문제는 (30)의 '을'이 실현된 두 개의 명사구들을 통사론적으로 어떻게 해석할 것인가 하는 것과 그 명사구들에게 실현된 '을'이 과연 어떤 통사, 의미론적 기능을 하는 것인가에 있다.

(30)과 같은 이른바 겹목적어 구문에 대한 기존의 논의들을 요약하면 다음과 같다.(김영희 (1988 : 81))

(32) ㄱ. '을'주제화설(어근 가설)(임홍빈(1979), 이광호(1988)) : 두 번째 '을'실현 명사구는 기저적으로 '하다' 동사의 어근인데 '을'주제화에 의해 어근과 어미가 분리되어 '을'이 실현됐다.

ㄴ. 주서술어 가설(서정수(1975)) : 두 번째 '을'실현 명사구는 명사 서술어(nominal predicate)로서 주서술어이고 변형 과정에서 도입된 형식 동사 '하다'에 대하여 형식상 목적어이다.

ㄷ. 내부 목적어 가설(Song(1967), Ree(1974), Park(1981)) : 두 번째 '을'실현 명사구는 '하다'의 목적어(내부 목적어)이고 첫 번째 '을'실현 명사구는 두 번째 '을'실현 명사구와 '하다'로 구성된 동사구의 목적어(외부 목적어)이다.

ㄹ. 하위 서술어 가설(Lee(1970), 김영희(1973, 1988), 성광수(1974, 1977)): 두 번째 '을'실현 명사구는 명사 서술어로서 보문 서술어이고 '하다'는 모문 서술어이다.

(30)의 각 문장에 대해 (32 ㄴ-ㄹ)은 내용상의 차이에도 불구하고 일단 모두 '을'실현 명사구를 목적어로 인정하는 것이고 (32 ㄱ)은 두 번째 '을'실현 명사구를 목적어 명사구로 인정하지 않고 있다.

그런데 (32 ㄱ)의 가장 심각한 문제는 김영희(1988 : 83)의 지적처럼 관용구(idom chunk)도 아닌 사서적 낱말의 구성 성분을 하나의 통사론적 단위로 삼는 것 자체가 큰 오류이고 또 (31)의 동사들 '공부하다', '연구하다', '구경하다' 등과는 달리 '변하다', '택하다', '약하다', '착하다' 등과 같은 서술어는 어근과 어미로 분리가 되지 않는다는 언어적 사실이 어근과 어미로 분리되어 '을'주제화가 된다는 (32 ㄱ)의 '을'주제화설이 타당하지 못함을 입증하는 것이 된다. 이밖에 기존의 논의들에 대한 구체적인 비판은 김영희(1988 : 82~95)에 미루거니와 우리는 Lee(1970), 성광수(1974, 1977), 김영희(1973, 1988)의 '하위 서술어 가설'을 받아 들여 (30)과 같은 '하다' 동사 구문들을 다음 (33)과 같은 통사 구조를 가진 복합문으로 보고자 한다.

```
(33)           S
             /   \
          NP       VP
           |     /    \
      동길이가   S       V
         i     /   \     |
             NP    VP   했다
              |    / \
        동길이가  NP  V
            i      |  [Nom]
                   |   |
                영어를 공부를
```

우리가 (30)의 문장들의 통사 구조를 (33)과 같이 상정하는 근거는 이미 김영희(1988 : 96~106)에서 자세히 밝혀진 바와 같이 의미격 부여 기능, 서술어의 위치 제약 및 부정사의 위치 제약 등의 세 가지 사실로 미루어 볼 때 (30)의 두 번째 '을'실현 명사가 비록 형태상 명사형일지라도 서술어임이 입증되기 때문이다.

먼저 의미격 부여 기능을 검증해 보자.

Chomsky(1981)의 수정 확대 표준 이론(revised extended standard theory)에 따르면 논리적 형식(LF)에서 서술어는 자신의 투사(projection)인 동사구의 직접 구성 성분, 즉 보어(complement) 명사구에 의미격(θ-role)을 할당하게 된다. 이러한 의미격 이론을 받아들일 경우 (30)과 같은 구문의 첫 번째 '을'실현 명사구의 의미격이 두 번째 '을'실현 명사로부터 할당받는 것이 확인되기 때문에 두 번째 '을'실현 명사는 명사 서술어라는 것이다.

다음 문장을 보자.

(34) ㄱ. *동길이가 영어를 했다.[10]

ㄴ. *돌이가 민속을 했다.

ㄷ. *한샘이가 영화를 했다.

ㄹ. *의사가 환자를 했다.

(35) ㄱ. 동길이가 영어를 공부했다.

ㄴ. 돌이가 민속을 연구했다.

10) (34 ㄱ)은 (30 ㄴ)에서와 전혀 다른 의미로 쓰일 때는 비문이 아닐 수도 있다.

ㄷ. 한샘이가 영화를 구경했다.

ㄹ. 의사가 환자를 진료했다.

(36) ㄱ. 동길이가 영어 공부를 했다.

ㄴ. 돌이가 민속 연구를 했다.

ㄷ. 한샘이가 영화 구경을 했다.

ㄹ. 의사가 환자 진료를 했다.

(34)가 비문이 되는 것은 (30)의 첫 번째 '을'실현 명사구의 의미격을 '하다' 동사가 할당하고 있지 않다는 것을 보여주고 있고 또 (35)의 '을'실현 명사구의 의미격은 '공부하다', '연구하다', '구경하다', '진료하다'로부터 할당받는 것이 분명하고 (36)의 '을'실현 복합 명사구가 '하다' 동사로부터 의미격을 할당받는 것이 분명하므로 (30)의 첫 번째 '을'실현 명사구의 의미격은 두 번째 '을'실현 명사 서술어가 할당하는 것이 입증된다.

이와 같은 사실을 뒷받침해 주는 또 다른 증거는 (30)의 각 문장의 두 번째 '을'실현 명사가 모두 '동작성'의 의미 특성을 가지고 있다는 사실이다.

둘째로 서술어의 위치 제약을 검증해 보자.

(30)과 같은 구문의 두 번째 '을'실현 명사는 기저 구조상 서술어이기 때문에 관계 관형절의 머리 성분 되기와 문쪼개기(sentence clefting)에서의 상위절 성분 되기에 제약을 받게 된다.

(37) ㄱ. *동길이가 영어를 한 공부

ㄴ. *돌이가 민속을 한 연구

ㄷ. *한샘이가 영화를 한 구경

ㄹ. *의사가 환자를 한 진료

(38) ㄱ. *동길이가 영어를 한 것은 공부이다.

ㄴ. *돌이가 민속을 한 것은 연구이다.

ㄷ. *한샘이가 영화를 한 것은 구경이다.

ㄹ. *의사가 환자를 한 것은 진료이다.

(30)의 두 번째 '을'실현 명사가 (37)과 같이 관계 관형절의 머리 성분 되기와 (38)과 같이 쪼갠문의 상위절 성분되기가 불가능한 것은 바로 그 성분이 서술어임을 말해주는 증거가 된다.

셋째로 (30)의 두 번째 '을'실현 명사가 서술어임을 입증하는 또 다른 통사론적 증거는 국어 부정사의 위치 제약이다. 국어의 부정사 '안'과 '못'은 반드시 서술어 바로 앞에만 올 수 있다. 그런데 (30)과 같은 구문에서 부정사 '안'과 '못'은 다음에서 알 수 있는 바와 같이 '하다' 동사 앞과 두 번째 '을'실현 명사 앞에 실현되므로 (30)의 '을'실현 명사가 기저적으로 서술어임이 입증된다.

(39) ㄱ. 동길이가 영어를 공부를 안, 못 했다.

ㄴ. 돌이가 민속을 연구를 안, 못 했다.

ㄷ. 한샘이가 영화를 구경을 안, 못 했다.

ㄹ. 의사가 환자를 진료를 안, 못 했다.

(40) ㄱ. 동길이가 영어를 안, 못 공부를 했다.

ㄴ. 돌이가 민속을 안, 못 연구를 했다.

ㄷ. 한샘이가 영화를 안, 못 구경을 했다.

ㄹ. 의사가 환자를 안, 못 진료를 했다.

이 밖에도 (30)과 같은 구문이 (33)과 같은 통사 구조를 가진다는 또 다른 증거는 (33)의 내포문 즉 보문의 대명사화와 (33)의 동사구(VP)의 '그리하다' 대동사 되기에서도 확인된다.

(41) ㄱ. 동길이가 영어를 공부를 했고, 순이도 그것을 했고, 영이도 그것을 했다.

ㄴ. 돌이가 민속을 연구를 했고, 순이도 그것을 했고, 영이도 그것을 했다.

ㄷ. 한샘이가 영화를 구경을 했고, 순이도 그것을 했고, 영이도 그것을 했다.

ㄹ. 의사가 환자를 진료를 했고, 간호사도 그것을 했고, 한의사도 그것을 했다.

(42) ㄱ. 동길이가 영어를 공부를 했고 순이도 그랬다.

ㄴ. 돌이가 민속을 연구를 했고 영이도 그랬다.

ㄷ. 한샘이가 영화를 구경을 했고 지은이도 그랬다.

ㄹ. 의사가 환자를 진료를 했고 간호사도 그랬다.

이상에서 밝혀진 바와 같이 (30)의 문장들을 모두 보문(내포문)을 가진 복합문이다.

그러므로 문제가 되는 대격 표지 '을'이 하나는 내포문 즉 보문의 목적어 명사구에 실현 돼 있고 또 다른 하나는 모문의 목적어인 내포문(전체)에 실현됐다고 보아야 한다.

그렇다면 (33)과 같은 통사 구조를 가진 (30)의 각 문장들의 내포문과 모문이 Hopper/Thompson(1980)의 이행성 변항에 따라 이행성 문장인지를 확인해 보자.

먼저 내포문을 보자.

첫째 참여항 수가 둘이고, 둘째 동작성 동사구문이며, 셋째 주어 명사구가 유정성 명사이고, 넷째 동사로 표현된 행위가 의도성 행위로 볼 수 있고, 다섯째 '을'이 실현된 명사구가 동사로 표현된 행위의 영향을 전체적으로 받고 있으므로 이행성 문장임이 확인된다.

다음으로 모문을 보자.

첫째 참여항 수가 주어 명사구와 보문으로 두 개이고 둘째 모문 동사가 동작성 동사이며 셋째 주어 명사구가 유정성 명사이고 넷째 동사로 표현된 행위가 의도성 행위로 볼 수 있고 다섯째 모문 서술어로 표현된 행위의 영향이 '을'이 실현된 내포문 전체에 미치고 있으므로 모문 역시 이행성 문장임이 분명하다.

그리고 내포문 동사 '공부'의 자매항 명사구인 '영어'에 '을'이 실현되고 모문 서술어 '했다'의 자매항인 내포문 전체에 '을'이 실현되므로 우리가 제안한 (35)의 '을'실현의 통사론적 조건을 '을'이 실현된 두 명사구 모두가 충족되고 있다.

4.6. 자료, 자격 명사구 구문

우리는 국어에 복합문이 아니면서도 '을'이 실현된 명사구가 거듭 나타나는 문장가운데 두 개의 '을'실현 명사구 중 하나는 '을'이 자료, 자격을 표시하는 조사 '(으)로'로 대체되어도 그 의미가 같은 문장을 알고 있다.

다음 (43)과 같은 문장들이 그 예이다.

(43) ㄱ. 한샘이가 형을 스승을 삼았다.
ㄴ. 영이가 반장을 동길이를 뽑았다.
ㄷ. 지성이가 나무를 의자를 만들었다.
ㄹ. 농부가 흙을 벽돌을 만들었다.

그런데 (43)의 각 문장들은 다음과 같이 '을'실현 명사구의 하나가 자료, 자격을 표시하는 조사 '(으)로'로 대체되어도 (43)과 동의적인 구문이 될 수 있다.

(44) ㄱ. 한샘이가 형으로 스승을 삼았다.
ㄴ. 영이가 반장으로 동길이를 뽑았다.
ㄷ. 지성이가 나무로 의자를 만들었다.
ㄹ. 농부가 흙으로 벽돌을 만들었다.

(45) ㄱ. 한샘이가 형을 스승으로 삼았다.

ㄴ. 영이가 반장을 동길이로 뽑았다.

ㄷ. 지성이가 나무를 의자로 만들었다.

ㄹ. 농부가 흙을 벽돌로 만들었다. [11)]

그런데 문제는 (43)의 각 문장의 명사구들에 실현된 '을'의 기능이 무엇인가 하는 것이다. (43)의 명사구들에 실현된 '을'이 목적어를 표시하는 대격 표지라면 왜 (43)과 같은 문장들만이 (44), (45)와 같이 모두 자료, 자격의 조사 '(으)로'로 대체가 될 수 있느냐 하는 것이다.[12)] 이는 통사론적으로 설명하기가 곤란한 문제이고 또 (43)의 '을' 실현 명사구 모두를 목적어로 인정하기가 곤란하다. 복합문이 아닌 단문에 하나의 동사가 두 개의 명사구에 동일한 격인 대격을 거듭 할당한다는 것은 격이론(Case theory)으로는 설명하기가 곤란하고 만약 이를 허락한다면 언어 보편적인 현상과는 다른 국어의 특이한 통사 현상으로 간주할 수밖에 없기 때문이다.

(43)의 두 명사구에 실현된 '을'에 대해 이광호(1988 : 245-257)에서는 둘 중의 하나의 명사구는 분명히 목적어 명사구이고 그 명사구

---

11) (45ㄹ)은 흙이 벽돌로 되는 경우와 벽돌이 흙으로 되는 경우의 해석이 모두 가능하므로 중의적(ambiguous)이다.

12) (43)의 문장들과는 달리 다음 (가)와 같은 문장들은 조사 '로'가 '을'로 대체가 되면 (나)와 같이 모두 비문이 된다.

(가) ㄱ. 목사는 죄인을 친구로 대했다.

ㄴ. 우리는 거짓을 진실로 믿었다.

(나) ㄱ. *목사는 죄인을 친구를 대했다.

ㄴ. *우리는 거짓을 진실을 믿었다.

에 실현된 '을'은 대격 표지라고 주장하면서 (44), (45)의 '을'실현 명사구는 모두 목적어 명사구이고 (43)의 후행 '을'실현 명사구는 목적어 명사구이나 선행 '을'실현 명사구는 성분 주제로서 이때의 '을'은 '을'주제화에 의한 주제 표지라고 주장했다.

그런데 이와 같은 이광호(1988)의 주장은 '을'주제화의 근본적인 문제인 주제 공범주 설정의 임의성과 '을'주제화가 갖는 의미 특성의 불명확성 외에도 왜 하필 (44)와 같은 구문만 '을'주제화가 되고 (45)와 같은 '(으)로' 실현 성분은 '을'주제화가 되지 않는가 하는 문제점을 안고 있다.

우리는 (43)의 두 명사구에 실현된 '을'을 모두 (43)의 문장들이 이행성 문장들임을 표시해 주는 이행성 표지로 본다.

먼저 (43)의 각 문장들의 이행성을 확인하기 위해 Hopper/Thompson(1980)의 이행성 변항에 따라 이를 분석해 보자.

첫째 (43)의 문장들은 모두 참여항 수가 셋인 문장들이다. 둘째 서술어가 동작성 동사이고 셋째 주어로 선택된 명사구가 유정성 명사이며 넷째 동사로 표현된 행동주의 행위가 '-려고 하다'의 연결이 가능한 의도성 행위로 볼 수가 있고 다섯째 동사로 표현된 행위의 영향이 '을'이 실현된 두 개의 명사구에 전체적으로 미치고 있기 때문에 이행성 문장임이 확인된다.

다음으로 (43)의 각 문장들의 통사 구조는 다음과 같이 표시될 수 있다.

(46)

```
              S
           /     \
         NP       NP
         |      /    \
  한샘이가  NP        V′
            |    /       \
          형을  NP        V
                |         |
              스승를      삼았다
```

(43)의 통사 구조를 (46)과 같이 설정하는 근거는 첫째 접속문 구성에서 후행절의 주어 명사구를 제외한 나머지 성분들이 다음 (47)과 같이 대동사 '그리하다'로 대치가 됨으로 그 성분 모두가 동사구 성분임을 입증하고 있다.

(47) ㄱ. 한샘이가 형을 스승을 삼았고 영근이도 그랬다.
ㄴ. 영이가 반장을 동길이를 뽑았고 순이도 그랬다.
ㄷ. 지성이가 나무를 의자를 만들었고 동길이도 그랬다.
ㄹ. 농부가 흙을 벽돌을 만들었고 어부도 그랬다.

둘째 (43)의 '을'실현 두 명사구가 다음 (48)과 같이 뒤섞기(scrambling)가 불가능한 것으로 미루어 볼 때 두 명사구는 (46)과 같이 계층 구조를 달리하는 문장 성분으로 볼 수 있기 때문이다.

(48) ㄱ.*한샘이가 스승을 형을 삼았다.
ㄴ.*영이가 동길이를 반장을 뽑았다.
ㄷ.*지성이가 의자를 나무를 만들었다.
ㄹ.*농부가 벽돌을 흙을 만들었다.[13)]

(46)의 통사구조를 보면 동사 '삼았다'의 자매항 명사구 '스승'과 동사구, V′의 자매항 명사구 '형'에 '을'이 실현되었으므로 우리가 제안한 '을'실현의 통사론적 조건을 (43)의 '을'이 실현된 명사구들이 모두 충족시키고 있음이 확인된다. 특히 (43)과 같은 자료, 자격, 명사구 구문에 주어 명사구를 제외한 나머지 두 명사구에 모두 '을'이 실현될 수 있는 것은 (43)의 문장이 이행성 문장으로 '을'이 실현되는 두 명사구가 서술어로 표현된 영향을 받는 동일한 인물들이고 '을'이 실현된 두 명사구가 모두 동사와 동사구(V′)의 자매항이기 때문이다.

4.7. 요약

우리는 본 장에서 '을'이 실현된 성분이 거듭 나타나는 문장의 유형을 다섯 가지로 나누어 각 문장에 나타난 '을'이 모두 Hopper/

13) (48ㄱ, ㄹ.)은 (43 ㄱ, ㄹ)과 다른 의미로 쓰일 때는 자연스런 문장이 될 수 있다.

Thompson(1980)의 이행성 변항에 따라 분석하여 볼 때 그 문장의 이행성을 표시해 주는 이행성 표지라는 것을 밝혔다.

그리고 그 다섯 가지 유형의 문장에 실현된 '을'이 모두 우리가 제2장에서 제안한 '을'의 실현 조건을 충족시키고 있음도 확인했다.

제4장의 논의에서 얻은 결론을 요약하면 다음과 같다.

첫째, 두 명사구의 의미 관계가 [전체+부분]의 관계를 맺고 있으면서 비분리적(inalienable) 관계일때만 두 명사구에 '을'이 실현되는 소속 관계 구문의 '을'은 그 문장이 이행성 문장임을 표시해 주는 이행성 표지다.

둘째, 이른바 겹목적어 구문의 한 가지 유형으로 불리우던 수여 동사(dative verb) 구문의 여격 명사구에 실현된 '을'은 목적어를 표시하는 대격 표지나 '을'주제화에 의한 주제 표지로 볼 수가 없으며 이 또한 수여 동사 구문이 이행성 문장임을 표시해 주는 이행성 표지임이 확인되었다.

셋째, 셈숱화 구문에서 셈숱말 혹은 [셈술말의 관형형+단위 지칭 명사]에 실현되는 '을'은 국어 목적어 명사구의 일반적인 통사 특성으로 볼 때 대격 표지로 볼 수 없으며 또한 선행 머리 명사구에 실현된 '을'을 대격 '을'주제화에 의한 주제 표지로 볼 수는 없다. 이때 '을'도 Hopper/Thompson(1980)의 이행성 변항에 따라 분석할 때 문장의 이행성을 표시해 주는 이행성 표지임이 밝혀졌다.

넷째, '을'실현 성분이 거듭 나타날 수 있는 '하다' 동사 구문에서 '을'이 실현된 동작성 명사는 내포문(보문)의 서술어로서 '하다' 동사 구문 자체가 보문을 내포한 복합문으로 분석되었는데 이 복합문의 내포문과 모문 모두 이행성 문장임이 확인되었다.

다섯째 복합문이 아니면서도 '을'실현 명사구가 거듭 나타나는 문장가운데 자료, 자격을 표시하는 명사구에 실현된 '을'은 대격 표지가 아님이 판명되었고 주제 표지로 볼 수도 없다. 이때 '을' 또한 그 문장이 이행성 문장임을 표시해 주는 이행성 표지이다.

그리고 이상의 다섯 가지 유형의 문장에서 '을'이 실현된 성분은 모두 동사와 동사구(V′)의 자매항으로 '을'실현의 통사적 조건을 모두 충족시키고 있음이 증명되었다.

본 장에서 분석한 '을'이 거듭 실현된 다섯 가지 유형의 문장 가운데 '하다' 동사 구문은 보문을 내포한 복합문으로 '을'이 실현된 선행 명사구는 내포된 보문의 목적어 성분이었고 후행 동작성 명사구에 실현된 '을'은 보문 전체에 실현된 조사로서 '을'이 실현된 보문 전체가 '하다' 동사의 목적어 성분으로 분석되었다.

그런데 이와는 달리 '하다' 동사 구문을 제외한 네 가지 유형의 문장들이 복합문이 아니면서도 '을'실현 성분이 거듭 나타날 수 있는 것은 특히 소속 관계 구문과 셈숱화 구문, 그리고 자료, 자격 명사구 구문은 '을'이 실현된 두 명사구가 동일 인물이나 동일한 사물을 가리키는 것으로 서술어로 표현된 행위의 영향을 각각 받아도 그 문장이 가지는 통사 의미가 유지될 수 있고 또 '을'이 실현된 성분들이 모두 동사나 동사구(V′)의 자매항들이기 때문이다.

또 수여 동사 구문은 '주다' 동사가 세 자리 서술어로 동사의 어휘 특성상 여격 명사구와 목적어 명사구에 동사로 표현된 행위의 영향이 직접적으로 각각 미치고 있으며 두 명사구 모두 동사와 동사구(V′)의 자매항이므로 이행성 표지 '을'이 두 명사구에 실현될 수 있다.

5

CHAPTER

한국어 조사 '을/를'의 통사·의미론적 연구

제5장

마무리

제5장

마무리

이 책의 연구 목적은 한국어 조사 '을'이 어떤 통사, 의미론적 조건에서 실현되는지 그 조건을 밝히는 것이었다. 이와 같은 우리의 연구 목적을 달성하기 위해 지금까지 논의된 내용을 간략하게 요약하면 다음과 같다.

첫째 한국어 조사 '을'은 통사론적으로 목적어를 표시하는 대격 표지(accusative Case marker)로만 볼 수가 없다. '을'을 목적어를 표시하는 구조격 표지(structural Case marker)로만 본다면 목적어를 가질 수 없는 자동사나 형용사 구문에 실현되는 '을'을 설명할 수가 없고 또 비록 타동사 구문이라 할지라도 목적어가 아닌 성분에 실현된 '을'을 설명할 수가 없기 때문이다.

둘째 Chomsky(1981 : 170)의 목적격 할당 원리를 비롯한

Yim(1984 : 53), Kang(1986 : 50), Han(1987 : 45), 임홍빈(1987 : 32), 이광호(1988 : 38), Kim(1990 : 169)의 대격 할당 원리로는 목적어가 아닌 성분에 실현된 '을'의 실현 현상을 설명할 수가 없다.

셋째 대격 표지로 볼 수 없는 조사 '을'을 모두 주제 표지라고 주장하거나 보조사로 이를 설명하려고 한 임홍빈(1972, 1974, 1979, 1987), 이광호(1988)와 송창선(2009)은 다음과 같은 몇 가지 근거에 의해서 인정할 수 없는 이론임을 밝혔다.

먼저 임홍빈(1972, 1974, 1979, 1987), 이광호(1988)는 '을'주제화 성분이 '비대조적 대립', '언급 대상성', '특정성', '동적 세계 파악' 등의 의미 특성을 갖는다고 주장했으나 이는 '을'주제화된 성분만이 갖는 의미가 아니고 '을'이 실현된 모든 성분이 갖는 의미 특성임이 밝혀졌다.

다음으로 '을'주제화 이론에서 설정한 주제 공범주(empty category) 교점(node)은 통사론적으로 인정될 수 없는 임의적인 것이었다. 또 '을'주제화는 처소 의미역의 처소격 조사 '에'나 '에서', 여격 조사 '에게', 자료, 자격 조사 '로' 등만이 왜 '을'주제화의 대상이 되는가 하는 근본적인 문제를 안고 있었다.

넷째 우리는 한국어 조사 '을'이 서술어로 표현된 행위나 상태의 영향이 그 문장의 참여항이나 부가항에 미치고 있음을 표시하는 이행성 표지(transitive marker)임을 입증하기 위해 다음과 같이 이행성의 개념을 규정했다.

□ 이행성(transitivity)의 개념 :

이행성이란 어떤 문장에서 서술어로 표현되는 행위나 상태의 영향이 그 문장의 참여항(participants)이나 부가항(adjuncts)에 미치고 있음을 가리키는 통사, 의미론적 관계다.

다섯째 제 2장에서 조사 '을'이 실현된 문장이 이행성 문장임을 입증하기 위해 Hopper/Thompson(1980)이 제안한 열 가지 이행성 변항(parameters of transitivity)을 국어에 적용하여 검증한 결과 동사의 동작성(kinesis), 참여항(participants) 수, 의도성(vollitionality), 행위성(agency), 목적어에 대한 영향성(affectedness of objet)의 항목은 국어 문장의 이행성을 판별하는 기준이 될 수 있음을 확인했다.

여섯째 우리는 한국어 조사 '을'이 이행성 문장의 동사구 구성 성분에만 실현됨을 확인하고 다음과 같이 '을'실현의 의미론적 조건과 통사론적 조건을 제안했다.

□ 한국어 조사 '을' 실현의 의미론적 조건 :

'을'은 이행성 문장(transitive sentence)에 실현된다.

□ 한국어 조사 '을' 실현의 통사론적 조건 :

'을'은 동사(V)의 자매항이나 동사구(V')의 자매항에 실현된다.

일곱째 제 3장과 제 4장에서는 '을'이 실현되는 구문을 '을' 한번 실현 구문과 '을' 거듭 실현 구문으로 구분하고 이를 다시 각 유형별로 나누어 조사 '을'의 실현 현상을 분석한 결과 한국어 조사 '을'이 문장의 이행성을 표시하는 이행성 표지로 동사(V)의 자매항과 동사구(V')의 자매항에 실현됨을 입증하였다.

참고문헌

Reference

강명윤. 1992.『한국어 통사론의 제 문제』. 서울 : 한신문화사.

고광주. 2001.「목적어 있는 피동문」,『한국어의 목적어』. 월인. 103-121쪽.

고석주. 2000(2004).「한국어 조사의 연구: '-가'와 '-를'을 중심으로」, 연세대학교 박사학위 논문.『현대 한국어 조사의 연구』1. 서울 : 한국문화사.

고석주. 2008.「조사 {를}의 의미와 실현, -'선택지정'의 의미를 중심으로-」,『한국어학』41. 한국어학회. 207-228쪽.

권재일. 1985.『국어의 복합문 구성 연구』. 서울 : 집문당.

김귀화. 1988.「국어의 격 연구 : 격중출문과 주어인상구문을 중심으로」,『한국어 연구』제14호. 서강대학교 대학원 석사학위 논문. 서울 : 서강대학교 한국어연구회.

김기혁. 1989. 「국어 문법에서 격의 해석」, 『말』 제14집. 연세대학교 언어연구교육원, 5~53쪽.

김민수. 1971. 『국어 문법론』. 서울 : 일조각.

김승렬. 1988. 『국어 어순 연구』. 서울 : 한신문화사.

김승곤. 2014. 『국어 조사의 어원과 변천 연구』. 서울 : 글모아출판.

김영희. 1973. 「한국어의 격문법 연구」, 『우리말 연구』 III. 연세대학교 대학원 석사학위 논문. 서울 : 홍문각.

김영희. 1974. 「한국어 조사류어의 연구 : 분포와 기능을 중심으로」, 『문법연구』 1. 문법연구회. 271-311쪽.

김영희. 1981. 「언어의 기능과 통사구조」, 『현상과 인식』 제5권 제4호. 서울 : 현상과 인식사. 17-33쪽.

김영희. 1984. 『한국어 셈숱화 구문의 통사론』. 서울 : 탑출판사.

김영희 외. 1987. 『국어학 서설』. 서울 : 정음사.

김영희. 1988. 『한국어 통사론의 모색』. 서울 : 탑출판사.

김영희. 1989. 「목적어 올리기 구문」, 『배달말』 제14집. 배달말학회. 1-43쪽.

김영희. 1991가. 「문장 셈숱말의 대격 표시」, 『국어의 이해와 인식』 (갈음 김석득 교수 화갑 기념 논문집). 서울 : 한국문화사. 189-205쪽.

김영희. 1991나.「무표격의 조건」,『언어 논총』 제9집. 계명대학교 언어연구소. 5-32쪽.

김영희. 1991다. 「한국어 통사론의 동향」.『한국학의 세계화』 제1권. 서울 : 한국정신문화연구원. 649-666쪽.

김영희. 1993.「'-게 하-'사동 구문의 세 유형」,『어문학』 제54집. 한국어문학회. 89-120쪽.

김영희. 2004.「논항의 판별 기준」,『한글』 266. 한글학회. 139-167쪽.

김용석. 1979.「목적어 조사 '을/를'에 관하여」,『말』 제4집. 연세대학교 한국어학당. 29-54쪽.

김의수. 2006.『한국어의 격과 의미역 : 명사구의 문법기능 획득론』. 서울 : 태학사.

김일웅. 1984.「풀이말의 결합가와 격」,『한글』 186. 한글학회. 35-71쪽.

김일웅. 1986.「생략의 유형」,『국어학 신연구』. 서울 : 탑출판사. 483-494쪽.

김정대. 1989.「'-게 하다' 사동 구문의 기저 구조(1) 」,「경남어문논집」 2. 경남대학교 국어국문학과. 133-159쪽.

김정대. 1990.「 '-게 하다' 사동 구문의 기저 구조(2)」,『인문논총』 2. 경남대학교 인문과학연구소. 3-21쪽.

김지혜. 2011.「국어의 '이/가'와 '을/를'의 교체 구문 연구」-복합문을 중심으로-. 성균관대학교 일반대학원 석사학위논문.

남기심. 1973.『국어 완형보문법 연구』. 계명대학교 출판부.

남기심. 1985가.「주어와 주제」,『국어생활』겨울(제3회). 국어연구소. 92-103쪽.

남기심 외. 1985나.『표준 국어문법론』. 서울 : 탑출판사.

남수경. 2005.「조사 '을/를'이 나타나는 피동문에 대하여」,『어학연구』41-1. 서울대학교 어학연구소. 79-99쪽.

민현식. 1982.「현대국어의 격에 대한 연구」,『국어연구』49. 서울 : 홍문각.

박병수. 1974.「한국어 명사 보문 구조의 분석」,『문법연구』. 문법연구회. 151-185쪽.

박승빈. 1935.『조선어학』. 경성 : 조선어학연구회.

서정목. 1987.『국어 의문문 연구』. 서울 : 탑출판사.

서정목. 1992.『GB 통사론의 강의』. 서울 : 한신문화사.

서정수. 1975가.「국어 부사류의 구문론적 연구」,『현대국어문법』. 계명대학교 출판부. 67-98쪽.

서정수. 1975나. 『동사 '하-' 의 문법』. 서울 : 형설출판사.

성광수. 1974.「국어 주어 및 목적어의 중출현상에 대하여」,『문법연구』1. 문법연구회. 209-235쪽.

성광수. 1979.『국어 조사에 대한 연구』. 서울 : 형설출판사.

손인호. 1988.「국어 셈숱화 구문의 중의성에 대한 연구」,『계명어문학』 제4집. 계명어문학회. 47-66쪽.

송석중. 1982.「조사 '과', '를', '에'의 의미 분석」,『말』 제7집. 연세대학교 한국어학당. 45-55쪽.

송창선. 2009.「이른바 '이중 목적어 구문'에 대한 비판적 고찰」,『국어교육연구』 44. 국어교육학회. 301-320쪽.

송창선. 2009.「피동문에 나타나는 '을/를'의 문법적 기능」,『한글』 284. 한글학회. 107-131쪽.

신현숙. 1982.「목적격 표지 /-를/의 의미 연구」,『언어』 제7권 제1호. 한국언어학회. 119-139쪽.

안병희. 1975.「부정격의 정립을 위하여」,『현대국어문법』. 계명대학교 출판부. 99-101쪽.

양동휘. 1989.『지배-결속 이론의 기초』. 서울 : 신아사.

염선모. 1991.「국어 어미의 갈래와 그 이름 문제」,『들메 서재극박사 환갑기념논문집』. 계명대학교 출판부. 400-475쪽.

오충연. 2009.「대격 교체를 보이는 구성에 대하여」,『국어학』 55. 국어학회. 27-53쪽.

우형식. 1996.「국어 타동사 구문 연구」. 서울 : 박이정출판사.

유하라. 2005.「현대국어 조사의 배열 양상」. 성균관대학교 대학원 박사학위 논문.
이광호. 1984.「처격어미 '에, 에서'의 의미와 그 통합양상」,『어문학』3. 국민대. 87-103쪽.
이광호. 1988.『국어 격조사 '을/를' 의 연구』. 서울 : 탑출판사.
이남순. 1988.『국어 부정격과 격표지 생략』. 서울 : 탑출판사.
이상규. 1980.「 '-을/-를' 의 범주와 기능」,『문학과 언어』1. 경북대학교. 123-139쪽.
이선희. 1999.「조사 {를}의 의미와 그 문법적 실현」. 연세대학교 대학원 박사학위 논문.
이익섭. 1978.「피동성 형용사문의 통사구조」,『국어학』6. 국어학회. 65-84쪽.
이익섭 외. 1983.『국어문법론』. 서울 : 학연사.
이정택. 2003.「목적어 있는 피동문에 관한 연구」,『배달말』32. 배달말학회. 211-227쪽.
이홍배 (역). 1987.『지배·결속이론』. 서울 : 한신문화사.
이희승. 1949.『초등국어문법』. 서울 : 박문출판사.
임영재. 1990.『장벽이론』. 서울 : 한신문화사.
임홍빈. 1972.「국어의 주제화 연구」,『국어연구』28. 서울 :홍문각.
임홍빈. 1974.「주격 중출을 찾아서」,『문법연구』1. 문법연구회. 111-148쪽.

임홍빈. 1979.「〔을/를〕조사의 의미와 통사」,『한국학논총』2. 국민대학교 한국학연구소. 91-130쪽

임홍빈. 1987.『국어의 재귀사 연구』. 서울 : 신구문화사.

전재호. 1972.「현대어 조사의 조사 분석[I] : 조사형태「-를」의 의미기능」,『어문학』제26호. 대구 : 형설출판사. 77-107쪽.

정혜자. 1991.「영어와 한국어의 형상성에 관한 연구」. 전북대학교 대학원 박사학위 논문

정희정. 1988.「'에'를 중심으로 본 토씨의 의미」,『국어학』17. 국어학회. 153-175쪽.

주시경. 1910.『국어문법』. 경성 : 박문서관.

최규수. 2011.「'X하다'와 'X를 하다'의 형태론과 통사론의 문제들」,『한글』292. 한글학회. 29-54쪽.

최기용. 2009.『한국어 격과 생성 통사론』. 서울 : 한국문화사.

최현배. 1937, 1977.『우리말본』. 서울 : 정음사.

한학성. 1990『GB통사론』. 서울 : 한신문화사.

홍기선. 1992.「연결이론과 한국어 연구」,『주시경학보』10. 주시경연구소. 3-32쪽.

홍순성. 1981.「수식어와 피수식어의 관계에 대하여」,『한국학논집』8. 계명대학교 한국학연구소. 1-19쪽.

홍순성. 1987.「대명사의 영형태화」,『영남어문학』제14집. 영남어문

학회. 87-97쪽.

홍순성. 1988. 「조응어와 선행어」, 『한국학논집』 제15집. 계명대학교 한국학연구소. 13-24쪽.

홍윤표. 1978. 「방향성 표시의 격」, 『국어학』 6. 국어학회. 111-132쪽.

홍재성. 1987. 『현대 한국어 동사구문의 연구』. 서울 : 탑출판사.

홍종림. 1981. 「대격형태 '를/을'의 의미고찰」, 『청주교육대 논문집』 18집. 청주교육대학. 265-275쪽.

Aoun, J. and D. sporich. 1983. "On the Formal Theory of Government". *The Linguistic review* 2. 211 - 236.

Choe, H-S. 1985. "Case, The X -bar Theory, and Korean Syntax". ms. MIT.

Choe, H-S. 1988. *Restructuring Parameters and complex Predicates : A Transformational Approach*. Ph. D. dissertation. MIT. Seoul : Hanshin Publishing Co.

Choi, Y.-S. 1988. *A Study of Ascension Constructions in Korean*. Seoul : Hanshin Publishing Co.

Chomsky, N. 1965. *Aspects of the Theory of Syntax*. Cambridge, Mass. : The MIT Press .

Chomsky, N. 1981. *Lectures on Government and Binding.*

Dordrecht : Foris Publications.

Chomsky, N. 1986a. *Knowledge of Language: Its Nature Origin and Use*. New York : Praeger.

Chomsky, N. 1986b. *Barriers*. Cambridge, Mass. : The MIT Press.

Chun, S-A. 1985. "Possessor Ascension for Multiple Case Sentences", *Harvard Studies in Korean Linguistics*. Kuno, et al(eds) Dept. of Linguistics, Harvard Univ. 30-39.

Cook, W. A. 1979. Case Grammar : *Development of the Martix Model(1970 - 1978),* Washington D. C. : Georgetown Univ. Press.

Dik, C S. C. 1978. *Functional Grammar* : Amsterdam: North-Holland Publishing Co.

Dowty, D. 1979. *Word Meaning and Montague Grammar*. Dordrecht : Reidel.

Fillmore, C. J. 1968. "The Case for Case". in E. Bach and R. T. Harms, eds., *Universals in Linguistic Theory*. New York : Holt, Reinhart and Winston. 1- 88.

Hale, K. 1982. "Preliminary Remarks on Configurationality".

NELS 12. 86-96.

Han , H-S. 1987. *The Configurational Structure of the Korean Language*. Ph. D. dissertation. Univ. of Texas at Austin. Seoul: Hanshin Publishing Co.

Han, H-S. 1989. "Nominative Case Assignment in Korean Against the Asymmetrical Case Marking Hypothesis". 『어학연구』 제25권 제3호. 서울대학교 어학연구소. 611-644쪽.

Han, H-S. 1991. "The Case of Korean Adjectives and Passive Verbs". 『생성문법연구』 2-1. 한국언어학회 생성문법연구회. 219-249쪽.

Hong, K-S. 1991. "Argument Selection and Case Marking in Korean". Doctoral dissertation. Stanford Univ.

Hopper , P. J. / S. A. Thompson. 1980. "Transitivity in Grammar and Discourse". *Language*, 56-2. 251-299

Kang, Y-S. 1985. "Subjectivization in Korean as a Syntactic Movement Rule(=Move - α)". Paper Presented at Univ. of Mass. Amherst Workshop on Oriental Linguistics, Univ. of Mass. at Amherst

Kang, Y-S. 1986. *Korean Syntax and Universal Grammar*. Ph.

D. dissertation. Harvard University. Seoul: Hanshin Publishing Co .

Kang, Y-S. 1991. "Adverbial Nominals' Case is Well Explained by the Generalized Case Marking Principle". *Harvard Studies in Korean Linguistics, IV*. Cambridge, Mass. : Dept. of Linguistics, Harvard Univ. 295-315.

Kim, Y-J. 1990. "The Syntax and Semantics of Korean Case : The Interaction Between Lexical and Syntactic Levels of Representation". Doctoral dissertation. Harvard Univ.

Kuno, S. 1973. *The Structure of Japanese Language*. Cambridge, Mass. : The MIT Press.

Lee, H-B. 1970. *A Study of Korean Syntax*. Seoul: Pan Korea Book Co.

Lee, K-S. 1991. *Multiple Accusative Constructions in Korean and the Stratal Uniqueness Law*. Seoul : Hanshin Publishing Co.

Lee, S.-W. 1983. "Syntax of Some Nominal Constructions in Korean". Ph. D. dissertation. Univ. of Wisconsin-Madison.

Lyons, J. 1968. *Introduction to Theoretical Linguistics.* Cambridge : Cambridge Univ. Press.

Maling , J. 1989. "Adverbials and Structural Case in Korean". *Harvard Studies in Korean Linguistics, III*. Cambridge, Mass. : Dept. of Linguistics, Harvard Univ. 297-308.

Matthews , P. H. 1981. *Syntax*. Cambridge: Cambridge Univ. Press.

Park, B-S. 1981. "On the Double Objects Constructions in Korean". *Linguistics, Journal of Korea*, 6-1. 91 -113.

Park, K-Y. 1992. "Light Verb Constructions in Korean and Japanese". Ph. D. dissertation. Univ. of North Carolina.

Park, S-J. 1985. "Possessor Ascension in Korean". *Linguistic Journal of Korea*, 10-2. 329-363.

Postal, P. M. 1974. On Raising : *One Rule of English Grammar and Its Theoretical Implications*. Cambridge, Mass. : The MIT Press.

Radford, A. 1988. *Transformational Grammar*. Cambridge: Cambridge Univ. Press.

Ree, J-N. 1974. *Topics in Korean with Notes to Japanese*. Seoul : Yonsei Univ. Press.

Reinhart , T. 1976. "The Syntactic Domain of Anaphora". Doctoral dissertation. MIT.

Robins, R. H. 1964. General Linguistics : *An Introductory Survey*. London Longmans.

Shibatani, M. 1976. "Relational Grammar and Korean Syntax". *Language Research*, 12-2. 241-251.

Song, S-C. 1967. "Some Transformational Rules in Korean". Ph. D. disertation. Indiana Univ.

Stowell, T. 1981. "Origins of Phrase Structure". Ph. D. dissertation. MIT.

Tesniere, L. 1959. *Elements de Syntaxe Structurale*. Paris: Klincksieck.

Travis, L. 1984. "Parameters and Effects of Word Order Variation". Doctoral dissertation. MIT.

Yang, I-S. 1972. *Korean Syntax*. Seoul: Paek Hap Sa.

Yeon, J-H. 1993. "The Degree of Transitivity in Korean : A Functional Typoloical Approach", 『어학연구』 제29권 제1호. 서울대학교 어학연구소. 107-136쪽.

Yim, Y-J. 1984. *CASE-TROPISM*. Seoul: Hanshin Publishing Co.

찾아보기

Index

ㄱ

ㅂ

ㅅ

ㅇ

ㅈ

ㅎ

A

B

C

D

E

F

S

T

U

V

Y

Z

θ

지은이

Author

손인호(孫仁鎬, Sohn Inho)

주요 약력

- 계명대학교 타불라 라사 칼리지 외래교수(현재)
- 경북 포항시 출생
- 계명대학교 국어국문학과(8학기 입학비사 특대장학생) 졸업
- 계명대학교 대학원 국어국문학과 문학박사

지은 책

- 『초창기의 계명인』(공저)(2004년)
- 『빛을 여는 계명인(계명정신과 봉사)』(공저)(2011년)
- 『계명대학교 건축물의 역사』(2015년)

논문

- "국어 셈숱화 구문의 중의성에 대한 연구"(1988년)
- "국어 조사 '을/를'의 연구"(1994년)
- "대구 · 경북지방의 친 · 인척 관계말"(2016년) 등 다수